事例で学ぶ発達障害の法律トラブルQ&A

鳥飼　康二 著
弁護士・産業カウンセラー

はしがき

　私は、弁護士として活動する中で、発達障害の方に出会うことがあります。職場で生きづらさを抱えたり、家庭で生きづらさを抱えたりして、法律トラブルに発展してしまったケースを扱っています。

　他方で、私は、弁護士として活動をする傍ら、日本産業カウンセラー協会が認定する「産業カウンセラー」としても活動しています。カウンセラーの資格を取ったのは、弁護士の仕事は、法律問題の解決と同じくらい、気持ちや感情の整理のお手伝いをすることが大事だと感じたからです。

　先日、カウンセラー活動の一環として、同協会が主催する研修会に参加したところ、「発達障害の方は様々な法律トラブルに遭遇します」と聞いたので、発達障害を専門に扱った法律関連の書籍があるかどうか調べてみました。すると、大きな書店では、「発達障害」という専用棚が設けられて、医療や福祉の観点からの書籍がたくさん置かれているものの、法律関連の書籍はほとんど出版されていないことを知りました。

　そこで、「専門書がないならば私が書いてみよう！」ということで、ご本人、ご家族、人事労務関係者、医療・福祉関係者など発達障害に関わる方々のために「法律トラブルQ＆A集」を執筆しようと考えました。

　本書では、発達障害の方が遭遇するかもしれない様々な法律トラブルについて、事例を用いて、なるべく分かりやすく解説するよう心がけています。

2019 年 10 月　鳥飼 康二

事例で学ぶ　発達障害の法律トラブルQ＆A・目次

はしがき　　　　　　　　　　　　　　　　　　　　　　　　　　　　　3

序章　　**法律＆裁判**　　　　　　　　　　　　　　　　　　　　　　7

 Q 1　発達障害の人はどんなトラブルに巻き込まれやすいのですか？　　8
 Q 2　トラブルを解決するために法律はどのように役に立つのですか？　10
 Q 3　発達障害に関連する法律はどのようなものがありますか？　　　　12
 Q 4　「合理的配慮」という言葉を聞きましたがどのような内容でしょうか？　14
 Q 5　合理的配慮をしてもらえない場合どうしたら良いのですか？　　　18
 Q 6　裁判ではどんなことをするのですか？民事と刑事の違いは？　　　20
 Q 7　「判例」「裁判例」はどういう意味を持つのですか？　　　　　　22
 コラム1　交渉術　　　　　　　　　　　　　　　　　　　　　　　　25

1部　職場のトラブル

1章　　**採用＆労働条件**　　　　　　　　　　　　　　　　　　　　27

 Q 8　採用段階で差別を感じた　　　　　　　　　　　　　　　　　　28
 Q 9　採用段階で発達障害であることを告げないと経歴詐称になる？　　31
 Q 10　求人情報と労働条件が違う!? 固定残業代とは？　　　　　　　　34
 Q 11　突然の内定取消しは許されるの？　　　　　　　　　　　　　　37
 Q 12　試用期間満了後に本採用を拒否されてしまったら？　　　　　　40
 Q 13　店長には残業代を支払わなくて良いの？　　　　　　　　　　　42
 Q 14　業務委託だから労働者ではない？　　　　　　　　　　　　　　45
 コラム2　やりがい搾取　　　　　　　　　　　　　　　　　　　　　48

2章　　**仕事でのトラブル**　　　　　　　　　　　　　　　　　　　49

 Q 15　発達障害であることをみんなの前でバラされたら？　　　　　　50
 Q 16　希望しない部署への異動は拒否できる？　　　　　　　　　　　54

- Q 17　社内トラブルは誰が責任を負う？　　　　　　　　　　　57
- Q 18　仕事中のミスはすべて従業員の責任になる？　　　　　60
- Q 19　衝動的に提出した辞表は撤回できる？　　　　　　　　63
- コラム 3　職場内のルール「就業規則」とは？　　　　　　　66

3章　労災　……………………………………………………　67

- Q 20　労災とは？　　　　　　　　　　　　　　　　　　　　68
- Q 21　会社に対する損害賠償（「労災民訴」）　　　　　　　74
- Q 22　もともとうつ病であることを申告していなかった場合は？　78
- Q 23　休職制度と発達障害の人に対する合理的配慮　　　　81
- コラム 4　ハラスメントのマメ知識　　　　　　　　　　　85

4章　解雇　……………………………………………………　87

- Q 24　解雇の有効・無効の判断基準は？　　　　　　　　　88
- Q 25　契約社員の更新拒絶　　　　　　　　　　　　　　　92
- Q 26　派遣の契約を切られてしまったら？　　　　　　　　95
- Q 27　業績悪化で解雇できるの？　　　　　　　　　　　　98
- Q 28　発達障害を告知した場合解雇しにくくなる？　　　102
- コラム 5　解雇の争い方　　　　　　　　　　　　　　　107

2部　日常生活のトラブル

5章　金銭のトラブル　……………………………………　109

- Q 29　なかなか断れないセールス　　　　　　　　　　　110
- Q 30　賃貸借契約書は常に有効？　　　　　　　　　　　118
- Q 31　借金が返せなくなってしまったら？　　　　　　　122
- Q 32　買い物依存症やギャンブル依存症になってしまったら？　126
- コラム 6　怪しげな「商法」　　　　　　　　　　　　　129

6章　恋愛のトラブル　131

- Q 33　好きなのにストーカーと呼ばれてしまう　132
- Q 34　恋人に利用されてしまった　135
- Q 35　カサンドラ症候群で離婚？　138
- コラム 7　「世の中には、あなたより大変な人がいる」と言われても……　142

7章　発達障害の子どもを持つ親御さんのトラブル　143

- Q 36　「発達障害は治る」と言われて水を買った　144
- Q 37　多動が原因で交通事故にあってしまったら？　147
- Q 38　学校内での事故　153
- Q 39　いじめ被害にあった場合　157
- Q 40　同級生に怪我をさせてしまった場合　161
- Q 41　合理的配慮を学校に求める　164
- コラム 8　弁護士の探し方　168

終章　犯罪と発達障害　169

- Q 42　発達障害の人は犯罪を犯しやすいと聞いたのですが本当でしょうか？　170
- Q 43　発達障害の特性が犯罪へ結び付くことはあるのでしょうか？　172
- Q 44　もし発達障害の人が逮捕されてしまったらどんなことに気を付けるべきでしょうか？　173
- Q 45　発達障害であることは罪の重さに影響するのでしょうか？　177
- コラム 9　どうして悪い人の弁護をするの？　180

あとがき　181

（数字の注釈は頁下に記載／＊の参考文献はP182に記載／登場人物や事例は架空のものです）

序章

法律＆裁判

トラブルに巻き込まれた場合、その解決の基準となるのが「法律」です。そして、法律を適用して具体的な結論を下すのが「裁判」です。まず、「法律」や「裁判」について、簡単に学びましょう。

Q1

発達障害の人は
どんなトラブルに
巻き込まれやすいのですか？

・発達障害とは

　発達障害[1]には、注意欠如多動症（ＡＤＨＤ）、自閉スペクトラム症・アスペルガー症候群（ＡＳＤ）、限局性学習障害（ＳＬＤ）の３種類があります。

　詳しい解説は専門書（本書末尾記載の参考文献）に譲りますが、発達障害の人は、以下のような傾向や特性があるとされています。

ＡＤＨＤ：注意力が散漫で物事に集中できない、落ち着きがなくソワソワしやすい、思い付きで行動してしまう、物をなくす、忘れ物が多い、整理整頓が苦手。

---

[1]「発達障害」は、「発達障がい」と表記されることもありますが、本書では「発達障害」と表記します。「害」という漢字を使うことは控えるべきとの見解もありますが、一方で、社会の側が「障害」を作っているのだから控える必要はないという見解もあります。私は、後者の見解に共感しますので、本書では「発達障害」と表記します。

ＡＳＤ：自分の言いたいことを一方的に話す、規則やルールにこだわる、興味関心の幅が狭く偏りがある、相手との適切な距離間が分からない、たとえ話や曖昧な表現が理解できない、臨機応変に対応することが苦手、気持ちの切り替えが上手くできない。
ＳＬＤ：文字を読むことが苦手（単語をまとまって読めない等）、文字を書くことが苦手（鏡文字になる等）、計算が苦手（繰り上げが分からない等）。

・発達障害とトラブル

　発達障害に共通する点として、外見からは障害があることが分かりにくいことがあげられます。そのため、発達障害であることが理解してもらえず、「変わった奴」「できない奴」として、学校や職場でいじめや嫌がらせにあうことがあります。そして、職場でのトラブルは、解雇や労災などの法律問題に発展することもあります。
　ＡＤＨＤの人は、お金の管理が苦手な傾向があるため、借金問題に陥るおそれや、単純ミスをしやすい傾向があるため、仕事中のミスで会社側に損害を与えてしまうおそれもあります。
　ＡＳＤの人は、相手の言葉をそのまま受け取ってしまう傾向があるため、悪徳商法やマルチ商法の被害にあってしまうおそれがあります。また、思ったことをそのまま言葉にしてしまう傾向があるため、本人にそのつもりがなくても、結果としてセクハラや名誉毀損の加害者になるおそれもあります。
　このように、発達障害の人は、職場だけでなく、私生活においても、様々な法律トラブルに巻き込まれる可能性があるのです。

Q2
トラブルを解決するために法律はどのように役に立つのですか？

・トラブルが発生したときに登場する法律

　何かトラブルが起きても、話し合って、双方が納得して解決するのであれば、原則として問題ありません。一方で、話し合いによる解決ができない場合、最後の砦となるものが法律です。

　たとえば、日常生活のトラブルには「民法」という法律が適用されます。一例として、自宅が奥まった場所にあって、道路（公道）に出るためには隣家の土地を通行しなければならないとき、隣家の人が「絶対に通ってはダメです」と拒否した場合、困ったことになります。そこで、民法210条は、「他の土地に囲まれて公道に通じない土地の所有者は、公道に至るため、その土地を囲んでいる他の土地を通行することができる」という内容を定めて、話し合いが付かない場合の解決策を提示しています。

　ただし、話し合いの結果が社会的に許容されるものでなければ

なりません。たとえば、話し合いの結果、「ある人物を殺したら1000万円の報酬を支払う」という合意をしても無効です。民法では、このような反社会的な合意を「公序良俗に反する」として無効にしています[2]。

また、労働条件として、「時給100円で1日20時間勤務する」という合意をしても無効です。労働契約の場面では、労働者が弱い立場に置かれることが多く、劣悪な労働条件を受け入れざるを得ない状況から労働者を守るために、「労働基準法」や「最低賃金法」という労働関係の法律が定められています。これらの法律は、「強行法規」と言われ、当事者間で最低基準を下回る合意をしても、無効となります。

また、犯罪行為に該当するものは、「刑法」によって国家が罰することなります。たとえば、喧嘩をして相手に大怪我を負わせた場合、刑法204条の傷害罪（人の身体を傷害した者は、15年以下の懲役又は50万円以下の罰金に処する）が適用されます。

この場合、被害者が「許してあげる」と言って当事者同士では話し合いで解決していても（いわゆる「示談」が成立していても）、刑事裁判にかけられることがあります[3]。なぜなら、喧嘩をして相手に大怪我を負わせる行為を放置しておくと、次の被害者が出るかもしれないので、たとえ被害者が許したとしても、社会秩序を保つために処罰する必要があるからです。

このように、法律には、話し合いによる解決ができない場合の最後の砦という機能と、社会秩序を保つという機能があります。

2　民法90条
3　「かけられることがあります」と記したのは、必ず刑事裁判にかけられるわけではないからです。刑事裁判にかけるかどうかは、様々な事情を考慮して、検察官が決めます。

Q3

発達障害に関連する法律は
どのようなものが
ありますか？

・発達障害に関連する法律

近年、発達障害に関連する法律の成立や改正が相次いでいます。まず、そのままずばりの名称の「発達障害者支援法」という法律が存在します（平成16年成立、平成17年4月1日施行）。

また、「障害者基本法」、「障害者自立支援法」、「障害者雇用促進法」、「障害者差別解消法」などの法律も、身体障害や精神障害だけでなく、発達障害にも適応されるようになりました。Q4で説明する「合理的配慮」は、障害者雇用促進法が平成25年に改正（平成28年4月1日から施行）された際に導入され、関連する「合理的配慮指針」は、平成27年3月25日に告示されています。

さらに、地方公共団体によっては、発達障害の支援について独自の条例を定めているところもあります。

ただし、これらの法律や条例は、発達障害の人が遭遇する法的問題について、細かい解決策を提示するものではありません。多くの内容は、支援措置を取ることを国や地方公共団体に対して促すものです。

　たとえば、発達障害者支援法は、「国及び地方公共団体の責務」として、「国及び地方公共団体は、発達障害者の心理機能の適正な発達及び円滑な社会生活の促進のために発達障害の症状の発現後できるだけ早期に発達支援を行うことが特に重要であることに鑑み、前条の基本理念にのっとり、発達障害の早期発見のため必要な措置を講じるものとする[4]」と定めていますが、いつまでに、どのような措置を講じるかについては、国及び地方公共団体の判断（裁量）に委ねられます。

　また、発達障害者支援法は、「国民の責務」として、「国民は、個々の発達障害の特性その他発達障害に関する理解を深めるとともに、基本理念にのっとり、発達障害者の自立及び社会参加に協力するように努めなければならない[5]」と定めています。

　この「努めなければならない」という文言は、「努力義務」と言われ、それに違反したからといって、直ちに罰せられたり損害賠償の責任を負ったりするものではありません（そういう意味では、実行力が弱いとも言えます）。

　このように、発達障害者支援法などの発達障害関連法律は、個別的な法的問題に対処する法律ではないものの、政策を推し進めるという点では意義があります。

4　発達障害者支援法3条1項
5　発達障害者支援法4条

Q4

「合理的配慮」という言葉を聞きましたがどのような内容でしょうか？

・法律の中の「合理的配慮」

「合理的配慮」とは、障害者差別解消法の中で「必要かつ合理的な配慮」、障害者雇用促進法の中で「障害の特性に配慮した必要な措置」と表現されているものの総称です。

● 障害者差別解消法

障害者差別解消法の「合理的配慮」は、日常生活や社会生活全般に適用されます。

この法律は、行政機関に対して、「行政機関等は、その事務又は事業を行うに当たり、障害者から現に社会的障壁の除去を必要としている旨の意思の表明があった場合において、その実施に伴う負担が過重でないときは、障害者の権利利益を侵害することとならないよう、当該障害者の性別、年齢及び障害の状態に応じて、

社会的障壁の除去の実施について必要かつ合理的な配慮をしなければならない」として、法的義務を課しています。

一方、事業者に対して、「事業者は、その事業を行うに当たり、障害者から現に社会的障壁の除去を必要としている旨の意思の表明があった場合において、その実施に伴う負担が過重でないときは、障害者の権利利益を侵害することとならないよう、当該障害者の性別、年齢及び障害の状態に応じて、社会的障壁の除去の実施について必要かつ合理的な配慮をするように努めなければならない」として、努力義務を課すに留めています。

この違いは、内閣府の障害者施策担当が作成したQ&A集によると、「障害者と相手方との関係は様々であり求められる配慮も多種多様であるから、民間事業者については努力義務を課した上で対応指針により自発的な取り組みを促すこととした」と説明されています。

・障害者雇用促進法

障害者雇用促進法の「合理的配慮」は、労働関係に適用されます。この法律は、事業主に対して、「労働者の募集及び採用について、障害者と障害者でない者との均等な機会の確保の支障となっている事情を改善するため、労働者の募集及び採用に当たり障害者からの申出により当該障害者の障害の特性に配慮した必要な措置を講じなければならない」「障害者である労働者について、障害者でない労働者との均等な待遇の確保又は障害者である労働

6　障害者差別解消法7条2項
7　障害者差別解消法8条2項
8　障害者雇用促進法36条の2

者の有する能力の有効な発揮の支障となっている事情を改善するため、その雇用する障害者である労働者の障害の特性に配慮した職務の円滑な遂行に必要な施設の整備、援助を行う者の配置その他の必要な措置を講じなければならない」として、法的義務を課しています。

　一方で、但し書きとして、「事業主に対して過重な負担を及ぼすこととなるときは、この限りでない（＝合理的配慮の提供義務を負わない）」と定めています。

　これらの「特性に配慮した必要な措置（＝合理的配慮）」や「過重な負担」との内容は抽象的なので、実効性を持たせるために、厚生労働大臣が指針を定めることとしています。この指針には、「基本的な考え方」「合理的配慮の手続き」「合理的配慮の内容」「過重な負担」「相談体制の整備等」が具体的に記されています。

　たとえば、合理的配慮の例として、「感覚過敏を緩和するため、サングラスの着用や耳栓の使用を認める等の対応を行うこと」「業務指示やスケジュールを明確にし、指示を一つずつ出す、作業手順について図等を活用したマニュアルを作成する等の対応を行うこと」があげられています。

　また、厚生労働省は、会社側が実際に取り組んでいる事例をまとめた「合理的配慮指針事例集第三版」を公表しています。

　実際のトラブルの場面では、「合理的配慮」と「過重な負担」の調整が検討されることになります。すなわち、労働者側からす

9　障害者雇用促進法 36 条の 3
10　障害者雇用促進法 36 条の 5 第 1 項
11　インターネットで「合理的配慮指針」と検索して、厚生労働省の WEB から PDF でダウンロードできます（指針の分量は 13 ページ、事例集の分量は 97 ページです）。

れば「合理的配慮を提供していない！」と主張することになり、会社側からすれば「過重な負担になるからこれ以上の措置は講じられない！」と反論することになります。

・発達障害であることを会社側が知らない場合

　発達障害であることを本人が自覚していない場合や、自覚していても会社に告げていない場合は、会社側は事情を知らないわけですから、合理的配慮の提供義務を負いません。

　一方、厚生労働省の合理的配慮指針は、「基本的な考え方」として、「合理的配慮の提供は事業主の義務であるが、採用後の合理的配慮について、事業主が必要な注意を払ってもその雇用する労働者が障害者であることを知り得なかった場合には、合理的配慮の提供義務違反を問われない」と定めています。

　そうすると、この反対解釈として、「事業主（会社側）が必要な注意を払えば、発達障害であることを知り得た場合には、合理的配慮の提供義務を負う」ということになります。

　たとえば、単純ミスや忘れ物が非常に多く、落ち着いて仕事をすることが何度注意しても全く改善しないようでしたら、「必要な注意を払えば発達障害であることを知り得た場合」に該当することになるでしょう。

Q5

合理的配慮をしてもらえない場合どうしたら良いのですか？

・行政による是正措置

　職場に限らず日常生活において、事業者が障害を理由とした差別をした場合、主務大臣は、特に必要があると認めるときは、事業者へ指導や勧告をすることができます。[12]

　職場において、事業者が障害を理由とした差別をした場合や、合理的配慮の提供義務に違反した場合、厚生労働大臣は、必要があると認めるときは、事業者へ指導や勧告をすることができます。[13] その他、都道府県労働局長による助言、指導、勧告[14]や、調停[15]という制度もあります。

　また、行政機関によって障害を理由とした差別をされた場合、行政相談窓口への相談や、行政不服審判法に基づく不服申し立てによって、是正を求めることができます。

12　障害者差別解消法12条
13　障害者雇用促進法36条の6
14　障害者雇用促進法74条の6
15　障害者雇用促進法74条の7

・民事的な解決

　左記の行政による指導や勧告は、従わなかったとしても罰則はありません。罰則がない以上、行政側は、強制的な働きかけができません。したがって、行政による是正措置で解決できなかった場合、当事者同士による民事的な解決を図ることになります。

　民事的な解決の方法として、任意交渉と法的手続きがあります。任意交渉は、たとえば弁護士に依頼して、「会社側が合理的配慮を提供しなかったため精神的苦痛を被ったので慰謝料を支払ってください」との内容証明郵便を送ってもらい、話し合いの場を作って解決を試みます。

　それでも解決できない場合、法的手続きに進みます。法的手続きとしては、「民事調停」と「民事裁判」があります。民事調停は、話し合いの一種ですが、裁判所が主催するので、当事者同士の話し合いと比較すれば、解決に向かう（合意が成立する）ことが見込めます。

　ただし、あくまで話し合いの一種なので、どちらか一方当事者が「絶対に合意しない！」と譲らない場合は解決できません。一方、民事裁判は、当事者が何を言おうが、最終的には「判決」が出され、それに従わなければなりません。

　弁護士に依頼したり、法的手続きを採るメリットとして、会社側に遵法精神を促すことがあげられます。ワンマン経営の中小企業では、「うちは法律なんて関係ない！」という経営者が見受けられることがありますが、弁護士や裁判所が間に入れば、法律を守らないことによるデメリットを説いてくれますので、経営者は（渋々ながらでも）従うようになることが多いです。

Q6

裁判では
どんなことを
するのですか？
民事と刑事の違いは？

・民事裁判と刑事裁判の違い

　裁判は、民事裁判と刑事裁判に分かれ、それぞれ手続きが異なります。

　たとえば、重大な結果を招いた交通事故が発生した場合、刑事裁判では、検察官が運転手（被告人）を訴追し、裁判官が有罪か無罪の判断、有罪の場合は量刑の判断をします。事故による損害賠償は、話し合いが付かなければ、別途、民事裁判で解決しなければなりません[16]。

・民事裁判の概要

　民事裁判では、テレビドラマのように法廷で激しく振舞うことは稀で、書面のやり取りを中心に、淡々と進みます。双方から書面や証拠が出尽くした段階で、裁判官の助言の基に和解（話し合いによる解決）ができないかどうか検討することが一般的です。

16　ただし、殺人や傷害などの一定の重大犯罪の場合、刑事裁判の中で損害賠償を審理する手続きがあります（犯罪被害者保護法23条）。

この段階での和解協議は、「もし判決になれば、こんな内容になりますよ……」と裁判官がそれとなくヒントを出す（心証を開示する）ことが多いので、和解で裁判が終了することも多いです。
　和解が成立しなければ、多くのケースでは法廷で証人尋問を行い、判決が出されることなります。判決に不服があれば控訴して争い（高等裁判所で第2ラウンド）、それでも不服があれば上告して争うこと（最高裁判所で最終ラウンド）になります。

・せっかく勝訴しても回収できない！？

　ところが、長い時間と費用をかけて民事裁判で勝訴しても、相手が支払わない場合は、別途、取り立て（強制執行）をしなければなりません。何もしないでも裁判所がサービスで取り立ててくれるわけではないのです。
　しかも、この強制執行は、こちら側から相手の財産を探し出して、申し立てをしなければなりません。不動産であれば、登記を取れば所有者が分かりますが、預貯金は、どこの金融機関のどの支店に口座を持っているか、通常は分かりません。なお、弁護士であれば、金融機関に問い合わせて、口座の有無を調査することは可能です。
　そして、調査を尽くしても財産が見つからなければ（隠しているか、本当に財産がないか）、せっかく民事裁判で勝訴しても、「回収不能」となってしまうのです。
　したがって、弁護士は、相談者に対して、勝訴の見込みだけでなく、回収可能性も含めて、民事裁判を起こすべきかどうかアドバイスするのです。

Q7
「判例」「裁判例」は
どういう意味を
持つのですか？

・判例と裁判例

　法律家の間では、最高裁判所が判決や決定の理由の中で示した法律的判断のうち、先例として事実上の拘束力を持つものを「判例」「最高裁判例」と呼びます[17]。それ以外の高等裁判所や地方裁判所の判決や決定を「裁判例」「下級審判例」などと呼びます。

　判例の拘束力とは、地方裁判所や高等裁判所の裁判官は過去の最高裁判例とは異なる判断を基本的にしない、仮に異なる判断をすると上訴されて正される、というものです。

　裁判所法4条では、「上級審の裁判所の裁判における判断は、その事件について下級審の裁判所を拘束する」と定めていること、民事訴訟法318条1項が、最高裁判例と相反する判決を上告受理申し立て理由にあげていることなどは、その表れです。平たく言うと、「最高裁判例は、法律と同じくらい強い効力を持つ」のです。

　一方、裁判例には、そのような拘束力はないので、それと異な

17　厳密な定義があるわけではないので、論者によって違う説明がされる場合があります。

る判断が出ることもあります。ただし、裁判官も、類似の裁判例を参考にするでしょうから、弁護士としても、裁判例の傾向には注意を払います。多くの裁判例がＡという判断をしているのであれば、今取り組んでいる裁判でもＡという判断がされる可能性が高い、と弁護士は予想するのです。

・判例や裁判例の表記

判例や裁判例は、その判決が出された裁判所名、年月日によって表記します。たとえば、京都地方裁判所で、平成29年3月30日に出された判決は、「京都地裁平成29年3月30日」と表記することができます（本書でもそのように表記します）。

また、重要な判例や裁判例は、判例雑誌に掲載されます。その場合、裁判所名、判決年月日の後に、雑誌名、号数、頁数を表記します。たとえば、上記の裁判例が「労働判例」という雑誌の1164号の44頁に掲載されているのであれば、「京都地裁平成29年3月30日・労働判例1164号44頁」と表記することができます（本書でもそのように表記します）。

・法律や判決の分かりにくい点

法律が分かりにくい点として、抽象的な内容で多義的な解釈が可能な条文があることがあげられます。

たとえば、民法1条3項は「権利の濫用は、これを許さない」と定めていますが、何をもって「濫用」と解釈するのか、不明確です。結局、個々の事案において、社会通念に照らして「濫用」と言えるか判断されることになります。

もうひとつ、法律が分かりにくい点として、「原則と例外」の組み合わせが多いことがあげられます。たとえば、Q4で紹介した障害者雇用促進法36条の3は、会社側に対して、「原則として」合理的配慮の提供義務を課していますが、「例外として」過重な負担を及ぼす場合には合理的配慮の提供義務を免除しています。
　一方、判例や裁判例は、法律の解釈を補う役目を持っていますが、数式のように綺麗に答えが導かれることは稀です。
　たとえば、Q28で紹介する裁判例では、使用者（会社）が労働者に対して損害賠償請求できる範囲を判断したものですが、その基準として、次のように述べました。「使用者は、その事業の性格、規模、施設の状況、被用者の業務の内容、労働条件、勤務態度、加害行為の態様、加害行為の予防若しくは損失の分散についての使用者の配慮の程度その他諸般の事情に照らし、損害の公平な分担という見地から信義則上相当と認められる限度において、被用者に対し右損害の賠償又は求償の請求をすることができる」。
　これでは、どの程度の請求ができるのか、はっきり分かりません。結局は、「様々な事情を総合考慮して裁判官が決める」という内容なのです。
　以上のように、法律、判例、裁判例は、方程式のように、誰が解釈しても同じ結論が出るわけではないので、特にASDの人には、もどかしく感じるかもしれません。本書では、法律、判例、裁判例をなるべく分かりやすく説明するよう心がけましたが、個別の事情によって解釈や結論が異なることがありますので、具体的に相手と交渉したり裁判をしたりする場合は、（経験豊富な）弁護士へ相談して、アドバイスを受けてください。

コラム1
交渉術

　交渉が決裂したらどうなるでしょうか？
　日本は法治国家ですから、最終的には法律に基づいて裁判で決着することになります。そこで、交渉に臨むときは、「裁判になったらどういう結果が予想されるか」を見極めることがポイントになります。
　たとえば、解雇された事案で、裁判になれば勝てる見込みが十分あるのであれば、労働者側は「こっちは裁判になっても構わないぞ！裁判にしたくなければ納得できる解決金を提示せよ！」と強気の交渉ができます。
　一方、裁判になったら勝つ見込みは乏しいのであれば、労働者側は、「裁判になるとお互い大変ですから、この辺で譲歩して解決しませんか？」と言いつつ少しでも良い条件を勝ち取る交渉をすることになります。したがって、代理人として交渉を担う弁護士の力量は、裁判になったときの見通しを的確に示せるかどうかにかかっています。
　また、交渉術として、社会心理学の知見を活用することもあります。たとえば、アンカー効果（不確かな事態で予測や判断を行わなければならないとき、初期値が判断に影響してしまうという心理的効果）やフットインザドア手法（まずは小さな頼みごとを承諾させてから、徐々に大きな頼みごとを承諾させていく手法）などです。
　私の場合は、産業カウンセラーとして培った「傾聴」のスキルを活用して、交渉相手の言い分や立場を丁寧に聴くようにしています。交渉は一種のコミュニケーションですから、たとえ敵対する相手であっても、相手からも「この人は話を聴いてくれる」と信頼を得られれば、交渉を円滑に進めることにつながり、結果として、依頼者の利益を実現することができます。

1部 職場のトラブル

どの職場でも「コミュニケーション」が求められるため、発達障害の人は様々なトラブルに巻き込まれがちです。

職場でのトラブルについて、法律（特に「合理的配慮」）はどのように機能するのか、事例を通じて学んでいきましょう。

1章

採用＆労働条件

　採用面接の際に、発達障害であることを告げるべきかどうか、悩ましい問題です。
　また、良く分からないまま提示された労働条件が、実は、労働者側にとって非常に不利になっている場合もあります。
　このような採用や労働条件に関するトラブルの法律的な対処について、7つの事例を通じて見ていきましょう。

Q 8
採用段階で差別を感じた

> **事例** 代々木さん（ASDと診断）は、A社の採用面接を受けました。事前に送った履歴書には、ASDの診断を受けていることを記載しませんでしたが、面接のときに、「私はASDの診断を受けています」と告げました。すると、面接官の顔色が変わり、「以前、発達障害の人を採用して懲りたんだよね……それ以来、うちでは発達障害の人は雇わないことにしているんだ。残念ですが、貴方を採用することはできません。お帰りください」と冷たくあしらわれてしまいました。

法律の解説

● 「採用の自由」

　会社に就職することは、労働契約を結ぶことを意味しますので、会社側からすれば、誰と契約を結ぶか（誰を採用するか）について「採用の自由」が認められています。一方、労働者側からすれば、どの会社と契約を結ぶか（どの会社で働くか）について「入社の自由」が認められています。これらは、憲法が定める「職業選択の自由」[18]「結社の自由」[19]などによって保障されるものです。

● 「採用の自由」への制限

　しかし、「働くこと」は、個人にとっても社会全体にとっても重要な意義を有していますので、無秩序に自由を認めることはできません。上記の憲法の規定も、「公共の福祉」による制約を受けると定めています[20]。

　そこで、法律によって、採用の自由が一定制限される場合があります。たとえば、性別による採用差別が禁止され[21]、年齢による採用差別も禁止されています[22]。発達障害を含む障害者についても、障害を理由とした採用差別は禁止されています[23]。

18　憲法 22 条 1 項
19　憲法 21 条 1 項
20　憲法 12 条、憲法 22 条 1 項
21　男女雇用機会均等法 5 条
22　雇用対策法 9 条
23　障害者雇用促進法 34 条

> 解決のヒント

● 採用は認められるのか？

　それでは、「差別禁止規定」[24]に違反した場合、採用が認められる（入社して社員として働ける）のでしょうか？

　法律を素直に解釈すれば、差別が禁止されているのですから、採用が認められるはずとも思われます。しかし、裁判実務では、採用は認められず、代わりに損害賠償（慰謝料）が認められます。要するに、「お金で解決します」ということです。

　その理由は、いくら差別は禁止されているとは言え、会社側に採用を強制するのはやり過ぎであって、差別については慰謝料で解決する、という価値判断があるためです。この場合の慰謝料の金額は、差別の程度など事案によって異なりますが、数十万円程度となるでしょう（裁判で認められる慰謝料は思ったよりも低いのが実情です）。

● 難しい立証の壁

　事例のように、明確に発達障害であることを告げられて、それが理由として不採用になることは稀でしょう。多くのケースでは、不採用の具体的な理由は告げられません。したがって、実際には障害者であることが不採用の理由であることを立証することは、簡単ではありません。

24　正確には、「均等な機会を与えなければならない」と規定されています。

Q 9
採用段階で発達障害であることを告げないと経歴詐称になる？

> 事例　渋谷さん（ADHDと診断）は、精神障害者保健福祉手帳を取得していましたが、そのことはあえて触れず、B社の採用面接を受け、合格しました。入社の際の誓約書に「業務に差し障りがある疾病を持っていない」との確認条項がありましたが、Aさんは誓約書に署名押印しました。
>
> 入社して3カ月後、渋谷さんに単純ミスが目立ち始めたので、上司がそれとなく原因を尋ねたところ、渋谷さんは、「実は私はADHDなのです……」と告げました。すると、人事部長から呼ばれ、「入社時の誓約書にサインしましたよね？」「あなたは虚偽申告、経歴詐称したので、懲戒解雇します」と言われました。

法律の解説

● 懲戒処分

　懲戒処分とは、企業秩序を保つために使用者が労働者へ科す制裁罰です。いわば、「会社の中で適用される刑事罰」です。罰であるため曖昧な適用は許されず、就業規則などの中であらかじめ懲戒処分の事由や手続きが定められている必要があります。

　懲戒処分の種類は企業によって異なりますが、多くのケースでは、「戒告 → 減給 → 出勤停止 → 降格 → 諭旨解雇 → 懲戒解雇」の順で重い処分が定められています。懲戒処分の対象になる経歴詐称は、学歴や職歴などの重要な経歴です。ただし、一番重い懲戒解雇になるのは、企業秩序を著しく乱す場合ですので、事業内容や労働者に求められる職能にもよりますが、学歴や職歴の詐称だけでは通常は該当しないでしょう。[25]

● 発達障害の無申告は懲戒処分の対象となるのか？

　「合理的配慮」は、採用後に申告した場合にも適用されますので、合理的配慮によって業務の支援ができるのであれば、「業務に差し障りがある」と安易に評価すべきではありません。

　また、障害者差別解消法の対象となっているとおり、発達障害であることを告げたくないと考えるのはやむを得ないことですから、申告しなかったことは責められるべきではありません。したがって、懲戒処分の対象にはならないと考えるべきでしょう。

---

[25] 学歴や職歴を偽っていたり、犯罪歴を隠していたりするなど「そのことを知っていたら採用しなかった」と言えるほどの重大事項を詐称した場合、民法の錯誤（民法 95 条）や詐欺（民法 96 条 1 項）が適用され、採用が無効・取消しとなります。

> 解決のヒント

● 会社側が発達障害を申告させることは違法か？

それでは、会社側が、労働者に対して、採用の際に発達障害であることを申告するよう求めることは違法となるでしょうか。

採用時にHIV検査を含む健康診断を受けさせることについて、裁判例[26]は、「労働者がその求める労務を実現し得る一定の身体的条件を具備することを確認する目的で、健康診断を行うことも、その職種及び労働者が従事する具体的業務の内容如何によっては許容され得る」と判断しました。この裁判例の考え方からすると、発達障害の申告を求めることは違法ではないことになりそうです。

ただし、近年、個人情報に関する厳しさは格段増しており、障害者差別を解消しようという社会の流れもあります[27]。

さらに、職業安定法5条の4[28]は、「社会的差別の原因となるおそれのある事項」を会社側が収集することを原則として禁じており、本人から収集するためには、特別な職業上の必要性が存在しなければなりません。

そうすると、少なくとも、事業を遂行する上で特に必要がないにもかかわらず、面接や入社手続きにおいて、発達障害であることを申告するよう求めることは、違法と評価され得る（慰謝料が発生する可能性がある）ことになるでしょう。

26　京地裁平成15年5月28日・労働判例852号11頁
27　たとえば、2000年に厚生労働省が定めた「労働者の個人情報保護に関する行動指針」によれば、使用者は原則として医療上の個人情報を収集してはならないとされています。また、個人情報保護法17条2項は、病歴を「要配慮情報」と位置付けて、その取得には原則として本人の同意が必要であると定めています。
28　平成11年労働省告示141号

Q10
求人情報と労働条件が違う!?
固定残業代とは？

> **事例** 　恵比寿さん（発達障害と診断）は、ＩＴ関係のＣ社の求人情報を見たところ、「給与30万円以上、賞与あり」との条件だったので、面接に申し込みました。社長は発達障害に理解のある人物で、「うちの従業員にはＡＳＤの人も、ＡＤＨＤの人もいますよ。みんな個性を活かして活躍していますよ」「あなたも是非うちで働いてください！」と笑顔で語りかけてきたので、恵比寿さんは、Ｃ社に入社することに決めました。その場で労働契約書を交わすことになりましたが、労働契約書には、「給与30万円（ただし45時間分の固定残業代含む）」と記載されていました。

法律の解説

● 求人情報の意味

　採用面接に合格して、求人情報の内容通りの労働条件で働けると思っていたところ、入社説明の際に、当初とは異なる内容の労働契約書を提示されることがあります。その場合、「話が違います！」と入社を断ることもできますが、渋々であっても労働契約書にサインすれば、労働契約書に記載された内容が労働条件となります。

　したがって、求人情報は、あくまで募集のための参考情報に過ぎない（最終的に締結した労働契約書の内容が優先される）ことになります[29]。ただし、会社側が求人情報と異なる労働条件を提示する場合、労働契約締結前に、異なる条件を求職者に明示することを義務付けています[30]。

　そのため、労働契約書を締結する際に、会社側が求人情報と異なる条件を明示しなかったため、求職者が求人情報通りの労働条件であると勘違いした場合、明示義務違反について慰謝料が発生する場合があります。

　また、求職者としては、せっかく面接を突破して働けると思っていた矢先に、異なる条件を提示されれば、条件を飲まざるを得ない状況にあるとも言えますので、その場合は、労働者の自由な意思による同意があったとは評価できないとして、求人情報の内容が優先されると判断した裁判例もあります[31]。

29　法律用語で「申し込みの誘因」と言います。
30　職業安定法5条の3第3項
31　京都地裁平成29年3月30日・労働判例1164号44頁

> 解決のヒント

● 一定の残業代を含む給与設定

給与の条件として、① 給与 30 万円と、② 給与 30 万円（ただし 45 時間分の固定残業代含む）とでは、何が違うのでしょうか？

残業を一切しなかった場合、給与は変わらず 30 万円です。ところが、45 時間の残業をした場合、① では 45 時間分の残業代（約 10 万円）が別途支給されますが、② では残業代は支給されません。② では、45 時間を超えて残業しないと、残業代が支給されないので、労働者にとっては、かなり不利な給与設定となります。

このような給与設定は、「固定残業代」や「みなし残業代」と呼ばれています。

しかし、このような固定残業代が安易に適用されれば、労働者は長時間労働かつ低賃金を強いられることになるので、最高裁判例[32]は、基本給部分と残業代（割増賃金）の部分が明確に区別されていること、固定残業代を超える残業をした場合には別途残業代を支給すると明示していることの 2 つの要件を満たす場合に、適法と判断しました。

求人情報の甘い内容に釣られないように、気を付けましょう。

32　最高裁平成 6 年 6 月 13 日・労働判例 653 号 12 頁

Q 11
突然の内定取消しは許されるの？

> 事例

　私の息子は、小さいころから学校の成績は常にトップでしたが、友達付き合いと運動が苦手で、不登校気味でした。有名私立大学に入学しましたが、やはり人間関係が上手くいかず、心療内科で診察を受けたところ、ＡＳＤと診断を受けました。

　大学3回生になり、就職活動を始めたところ、筆記試験は難なく合格するのですが、面接が上手くいかず、何十社も落ち続けました。ようやく大学4回生の9月にＤ社から内定をいただいて、10月に内定式に出席しました。

　ところが、家族でお祝いをしていた11月、Ｄ社から連絡があって、「会社の経営状態が悪化したので、内定を取消させていただきます」と一方的に通告されました。本当は、経営悪化が理由ではなく、発達障害が理由ではないかと疑ってしまいます。

法律の解説

● 内定の法的性質

　内定であっても、労働契約が成立していることには変わりません。ただし、「始期付き解約権留保付き」の労働契約となります。

　始期付きとは、たとえば「大学卒業後の4月1日から勤務を開始する」というものです。解約権留保付きとは、たとえば「大学を卒業できず留年した場合には解約する」というものです。

　内定も労働契約である以上、会社側が内定を取消すという行為は、解雇と同じですから、解雇権濫用法理（Q24参照）が適用され、客観的に合理的な理由があり社会通念上相当な場合のみ内定取消しが許容されます。

解決のヒント

● 経営悪化は内定取消し理由になるか

　事例では、会社の経営状態の悪化を内定取消しの理由にしていますが、内定を出してわずか2カ月間の間に経営が悪化するとは考え難いです（東日本大震災のような大災害が発生したならば別ですが）。

　内定を出したのがわずか2カ月前ですから、その時点で既に経営状態は悪かったと推測できます。したがって、会社側は経営状態が悪いことを前提として内定を出したのですから、そのことを理由に内定を取消すことは許容されないでしょう。

● 発達障害が理由になるか

　面接の段階で、会社側は、応募者のコミュニケーション力を検討することはできますので、採用内定を出した以上は、当該企業の社員として一応は問題ないと判断したことになります。また、内定後に発達障害であることを会社側が知ったとしても、会社側は合理的配慮の提供義務を負います（障害者雇用促進法36条の3）。

　したがって、まだ働いていないにもかかわらず、発達障害であることを理由として、内定を取消すことは許容されないでしょう。

● 現実的な解決策

　以上のように、事例のケースでは、法律的には内定取消しは認められない（入社することはできる）としても、このような場当たり的な経営判断や労務管理をする会社で働くことが果たして良いのか、という問題があります。

　このような場合、会社側から賠償金（示談金）を受け取り、他の就職先を探すほうが良いかもしれません。もし、時期的に他の就職先を見つけることが困難で、やむを得ず留年になってしまうのであれば、それについての賠償金増額を求めることができます。

　少し遠回りになったとしても、従業員を大切にしてくれる会社を、焦らずじっくりと見つけましょう。

Q 12
試用期間満了後に本採用を拒否されてしまったら？

事例　目黒さん（ASDと診断）は、SEとして10年間の経験があります。E社は、即戦力としてSE経験者を募集していたところ、目黒さんは、ASDであることを告げず、E社にSEとして中途採用されました。

試用期間は3カ月でしたが、その間に、複数の取引先から「目黒さんとはコミュニケーションが取れないから担当を変えて欲しい」と苦情が出たり、社内ルールを守らない先輩に対して強い口調で注意した結果、激しい口論になるなどのトラブルが多発しました。試用期間経過後、E社は、目黒さんに対して、正式採用しないと通知しました。

法律の解説

● 試用期間の法的性質

試用期間であっても、労働契約が成立していることに変わりないため、試用期間中の解雇や試用期間満了による本採用拒否であっても、解雇権濫用法理（Q24参照）が適用されます。

解決のヒント

● 本採用拒否が許容される度合い（ハードル）

試用期間は、本採用するための観察期間ですので、通常の解雇よりも、試用期間後の本採用拒否の方が許容されやすくなります（ハードルは下がります）。特に、経験者の中途採用で、高い給与水準が提示されていたならば、期待通りの実績を示せなかった場合、本採用拒否が許容されやすくなります。

会社側が発達障害であることを知った上で採用した場合は、発達障害に関連するトラブルが発生しても、それを理由にして本採用を拒否することは難しいでしょう。なぜなら、会社側は合理的配慮の提供義務を負うので、配慮を尽くした上でない限り（過重な負担でない限り）、本採用を拒否できないからです（ハードルはさほど下がりません）。

一方、発達障害であることを知らずに採用して、採用後に会社側が知るに至った場合も、合理的配慮の提供義務は適用されますので、同様に、発達障害に関連するトラブルが発生しても、それを理由にして本採用を拒否することは難しいでしょう。

Q 13
店長には残業代を支払わなくて良いの？

> 事例

日暮里さんは、大手外食チェーンのM社に中途採用され、入社3カ月の研修を経て、店長に任命されました。店長は、店舗責任者として、アルバイトやパートの採用をしたり、シフトを組んだり、店長会議に出席したりします。日暮里さんはやりがいを感じて頑張ろうと意気込んでいました。ところが、店舗運営は、本部が作成した細かいマニュアルに従わなければなりませんが、生真面目で完璧主義の日暮里さんは、マニュアルを完璧に読み込んでマニュアル通りの店舗運営を心がけたり、アルバイトやパートが急に休んだときは日暮里さんが穴埋めをしたりしたため、毎月100時間以上の残業をしなければなりませんでした。

日暮里さんは、上司の地域統括責任者へ残業代をもらえるのか尋ねたところ、「店長は就業規則で管理監督者になっているから、残業代は出ないですよ。代わりに、店長手当が支給されているでしょ」と言われました。日暮里さんの基本給は25万円で、店長手当として月2万円が支給されています。

> 法律の解説

● 残業代と管理監督者とは

　1日8時間・1週間40時間を超える時間外労働や休日労働をした場合、会社側に対して、割増賃金（25％など）を含む残業代を請求することができます。[33]

　労働基準法41条は、管理監督者に該当する労働者に対して、労働時間規制を適用しない、言い換えれば、残業代を支払わなくても良いと定めています。

　それでは、会社側が「部長・課長は管理監督者である」と就業規則などで定めれば、残業代を支払わなくても良いのでしょうか？

　世間では勘違いされることが多いのですが、会社側が一方的に管理監督者を定義しても、労働基準法が想定する管理監督者に該当しない限り、残業代の支払い義務は免れません。

　労働基準法が想定する管理監督者とは、おおざっぱに言えば、「役員の一歩手前の上級管理職」です。なぜなら、そのような上級管理職であれば、自分の判断で仕事や時間を管理できるでしょうし、残業代をもらわなくても十分な報酬を受け取っているからです。

　厚生労働省の通達や裁判実務によると、管理監督者の具体的な判断要素は、① 職務内容、権限、責任の重要性、② 労働時間管理の有無や程度、③ 賃金などの待遇、となっています。

33　労働基準法37条。なお、就業規則で1日7時間労働と定められている場合、8時間労働すると1時間分の残業代を請求できますが、割増賃金（25％）は請求できません。

解決のヒント

● 店長は管理監督者か？

確かに、飲食店やコンビニの店長は、店舗運営の責任者ですから、① 職務内容、権限、責任は重要でしょうし、② 労働時間管理も任されているでしょう。しかし、これらを重視すると、飲食店やコンビニの店長は、みな管理監督者となってしまい、どれだけ長時間働いても残業代が支払われないことになってしまいます。

これについて、裁判例は、安易に管理監督者性を認めない傾向にあります。たとえば、飲食店店長の管理監督者性が争われた裁判例として、日本マクドナルド事件があります[34]。

同判決では、店長について、予算作成権限、クルーの時給決定権限など多種多様な権限を有し、正社員の部下が複数いて、最低評価で年収579万円になる程の地位や待遇であっても、管理監督者性は否定され、残業代の支払いが命じられました。

また、大手弁当販売チェーン運営会社を相手取った裁判でも、① 店長の店舗運営の裁量は少ないこと、② クルーのシフト次第では店長の労働時間が拘束される立場にあったこと、③ 管理監督者に応じた高い待遇を受けていたとは認め難いこと等から、管理監督者性は否定され、残業代の支払いが命じられました[35]。

このように、会社側が一方的に「管理監督者だから残業代は出ない」と決めても、裁判では認められないことがありますので、会社側の言い分を鵜呑みにしてはいけません。

---

[34] 東京地裁平成20年1月28日・判例タイムズ1262号221頁
[35] 静岡地裁平成29年2月17日・労働判例1158号76頁

Q 14
業務委託だから労働者ではない？

> 事例

　田端さん（大学生、ＡＳＤと診断）は、大学のキャリアセンターに相談したところ、コミュニケーションは苦手だけど、理数系科目が得意であることを活かして、塾講師として働くことを勧められました。そこで、田端さんは、Ｎ塾に就職することにしました。Ｎ塾との契約書は、「業務委託契約」と記載されており、1コマ1時間の授業に対して2500円の業務委託料が支払われると定められていました。

　田端さんの持ち授業はＮ塾から指定されており、授業内容も決められていました。田端さんは、1コマの授業について少なくとも2時間は事前準備をしたり、授業時間終了後も生徒の質問に応じたり、自宅でミニテストの採点をしたりした結果、1コマの授業に対して4時間近く時間をかけることになりました。その結果、田端さんは、毎月300時間近く働きましたが、月収は18万円程度でした。

法律の解説

● なぜ業務委託契約にするのか？

労働関係の法令は、労働者を保護するための法令ですから、会社側にとっては、労働契約ではなく、業務委託契約や請負契約としたほうが、色々と都合が良いのです。たとえば、「残業代」を請求できませんし、業務を原因として怪我や病気になっても「労災」は支給されませんし、解約するときには「解雇権濫用法理」は適用されませんし、社会保険料の会社負担分も発生しません。[36]

それでは、契約書に「業務委託契約」や「請負契約」と書いてあれば、一切、労働関係の法令は適用されないのでしょうか？

そのようなことを許してしまえば、労働関係の法令を定めた意味がなくなりますので（「脱法」と言います）、裁判実務では、契約書の名称に関わりなく、客観的な実態に基づいて、労働契約であるのか、それとも業務委託契約や請負契約であるのか（「労働者性」と言います）が判断されます。

● 労働者性の判断基準

労働者性は、大きく分けて、使用者の指揮命令を受けていること（使用性）と、労働の対価として報酬を得ていること（賃金性）によって判断されます。

使用性は、さらに、① 許諾の自由（仕事の依頼を断る自由があれば使用性は弱くなります）、② 作業上の指揮命令の有無や程度、③ 勤務時間や勤務場所の拘束性（時間や場所が自由であれば使用

---

36 ただし、業務委託契約であっても、契約解除や契約更新拒絶が信義則に反し違法となる場合もあります。

性は弱くなります）、④ 他人への代替性（代替可能であれば使用性は弱くなります）などの要素によって判断されます。

賃金性は、報酬が時間単価で決められているなど作業時間に比例して報酬額が決まる場合には、賃金としての性格が強くなります（逆に、作業時間に関係なく成果に対して報酬が決まる場合は賃金性が弱くなります）。

> 解決のヒント

● 塾講師の場合

大手予備校の非常勤講師が「出講契約」との契約書を交わしていたケースでは、講義内容に関する指揮命令関係が一定程度存在すること、時間と場所の裁量がないこと、報酬は賃金としての性格が強いことから、労働者であることを認めました[37]。

また、塾講師を全員取締役として扱い残業代を支払ってこなかったケースでは、取締役は名ばかりであって、会社側が実質的に指揮監督していたことから、労働者であることを前提に残業代の支払いを命じました[38]。

これらの裁判例に照らせば、事例の田端さんの場合も、契約書は「業務委託契約」となっていたとしても、N塾から指揮命令を受けており、時間単価の報酬であることから、労働者に該当しますので、残業代を請求することができます。

37　最高裁平成22年4月27日・労働判例1009号5頁
38　京都地裁平成27年7月31日・労働判例1128号52頁

コラム2
やりがい搾取

　Q13で紹介した自尊心をくすぐりつつ、低賃金で長時間酷使する手法は、「やりがいの搾取」「働きがいの搾取」として、社会問題化しています。「やりがい」を強調すること自体が問題なのではなく、低賃金を覆い隠す手段として「やりがい」を悪用することが問題なのです。
　この「やりがい搾取」を社会心理学の視点から考察してみると、まず、人間の欲求についての階層理論というものがあります。これは、米国の心理学者マズローが提唱したもので、人間の欲求は、【①生理的欲求 → ②安全の欲求 → ③所属と愛情の欲求 → ④尊敬（承認）の欲求 → ⑤自己実現の欲求】というふうに、重層的、順序的に沸き起こるというものです。そのため、「やりがい」を強調されると、労働者は、④尊敬（承認）の欲求をくすぐられ、低賃金・長時間労働であっても、満たされているように感じるのです。
　次に、「認知的不協和」の理論からも考察できます。イソップ物語の「酸っぱいブドウ」で、キツネはブドウを食べたいけれども高いところにあって食べられないので、そのストレスを緩和するために、「ブドウは酸っぱくて美味しくないから食べられなくても構わない」と自分に言い聞かせるのです。
　つまり、人間は、「自分の行動や選択は正しかった」と思いたいので、それに反する気持ちや感情を無意識的に変容させ、自らの心のストレスを緩和するのです。
　飲食店の店長の例では、辛い状況を変えることはできず、その状況は自分で選択してしまった結果でもあるから、「辛い」という感情を「やりがいがある」という感情へ変容させることで、自らの心のストレスを緩和しようとしていたのでしょう。

2章
仕事でのトラブル

　発達障害の人に限らず、仕事を進める中では、何気なく発した一言や衝動的に発した一言から、思わぬトラブルが発生することがあります。
　このようなトラブルの法律的な対処について、5つの事例を通じて見ていきましょう。

Q15
発達障害であることを
みんなの前で
バラされたら？

> 事例
> 　新入社員の大崎さん（ＡＤＨＤと診断）は、営業所へ配属されましたが、遅刻が多く、忘れ物が多く、スケジュール管理が苦手で、指導係の先輩社員の五反田さんが注意しても直りませんでした。あるとき、取引先との打ち合わせに遅刻してしまい、大事な資料を持参するのも忘れてしまい、商談が破談となってしまいました。五反田さんは、インターネットで「ミスが多い」「遅刻が多い」とのキーワードで検索したところ、ＡＤＨＤに関するサイトが多数ヒットし、大崎さんの特徴に良く当てはまっていたので、大崎さんはＡＤＨＤではないかと疑いました。
> 　あるとき、五反田さんは、大崎さんがＡＤＨＤの治療薬を飲んでいる姿を目にしてたので、大崎さんはＡＤＨＤに違いないと確信しました。翌日、五反田さんは、営業所内で他の社員が多数いる前で、大崎さんに向かって「大崎さんはＡＤＨＤでしょ？　薬飲んでたよね？　隠さないでみんなに言わないとダメじゃない！」と告げました。

> 法律の解説

●「名誉毀損」と「プライバシー侵害」

「名誉毀損」と「プライバシー侵害」、この2つは混同されがちですが、厳密には違う内容です。

名誉毀損とは、社会的評価を低下させる事実を公表することです。たとえば、懲戒処分を受けたこと（＝社会的評価を低下させる事実）を、インターネットへ書き込めば、名誉毀損になります。

一方、プライバシー侵害とは、一般的に他人に知られたくない私生活上の情報を公表することです（個人情報漏洩とも重なります）。たとえば、重い病気であること（＝社会的評価は低下しないけれども他人に知られたくない事実）を友人に打ち明けたところ、それをLINEグループで公表されれば、プライバシー侵害になります。

両者の違いとして、名誉毀損の場合は、免責される場合があります。たとえ社会的評価を低下させる事実を公表したとしても、公共性を帯びる内容（たとえば国会議員の汚職）であって、公益目的に基づく公表（単なる私的な恨みではない）であって、その内容が真実であることが証明されれば（あるいは真実と信用した合理的な根拠が存在すれば）、賠償責任を負いません。

> 解決のヒント

● 発達障害を公表された場合

　それでは、発達障害を公表された場合、どちらに該当するでしょうか？　発達障害であることで社会的評価は低下しない世の中になって欲しいと個人的には思いますが、現状では、障害者差別解消法の対象になっていることから推察されるように、社会的評価は低下すると考えられますので、名誉毀損に該当します[39]。

　また、発達障害であることを知られたくないと思うことは一般的に理解できますので、プライバシー侵害にも該当します。民事裁判の中では、両方主張が可能ですし、どちらに該当するとしても、不法行為として損害賠償（慰謝料）の対象となります。

● 公表する必要性、相当性

　前記のように、本人に無断で発達障害であることを公表することは、名誉毀損あるいはプライバシー侵害に当たります。ただし、公表する緊迫した必要性があり、相当な方法で公表したのであれば、「正当な行為」として違法ではないと評価されます。

　まず、公表する緊迫した必要性とは、たとえば、職場の人たちが発達障害であることを知らないために、毎日厳しく責め立てている場合です。この場合、職場の人たちへ知らせないと、本人が二次障害としてうつ病を発症してしまうかもしれませんし、会社側から解雇されてしまうかもしれません（知らせることについて、可能であれば本人の同意を取るべきです）。

---

[39] 橋本徹元大阪市長が「精神疾患である」と週刊誌で書かれたことは社会的評価を低下させるとの裁判例（大阪地裁平成28年4月8日・判例秘書L 07150235）に照らすと、「発達障害である」と公表することも名誉毀損に該当しそうです。

そして、相当な方法とは、たとえば、本人の直属の上司や、職場のメンタルヘルス担当者に対してのみ告知し、必要最小限の範囲に留めることです。

なお、「合理的配慮指針」でも、合理的配慮の例として「本人のプライバシーに配慮した上で、他の労働者に対し、障害の内容や必要な配慮等を説明すること」とあげられているとおり、他の従業員に知らせることを一切禁じているわけではありません（その場合でも、極力本人の同意を取るべきです）。

● **個人情報保護の観点**

個人情報保護法23条は、「人の生命、身体又は財産の保護のために必要がある場合であって、本人の同意を得ることが困難であるとき」には、個人情報の第三者への提供を許容しています。

また、厚生労働省は、平成12年に「労働者の個人情報保護に関する行動指針」を、平成29年に「雇用管理分野における個人情報のうち健康情報を取り扱うに当たっての留意事項」を定めました。これら規定は、職場におけるプライバシー侵害について、違法性の有無を判断する際の参考となります。

たとえば、同留意事項では、「健康情報については労働者個人の心身の健康に関する情報であり、本人に対する不利益な取り扱い又は差別等につながるおそれのある要配慮個人情報であるため、事業者においては健康情報の取り扱いに特に配慮を要する」「健康情報は、労働者の健康確保に必要な範囲で利用されるべきものであり、事業者は、労働者の健康確保に必要な範囲を超えてこれらの健康情報を取り扱ってはならない」とされています。

Q 16
希望しない部署への異動は拒否できる？

> 事例

　品川さんは、最難関の国立大学を卒業し、F銀行に総合職として採用されました。品川さんは、将来の幹部候補として、本店に配属され、企画業務を担当することになりました。

　しかし、先輩から「おまえは空気が読めない！」と叱責され、常に人間関係のトラブルが絶えませんでした。そのため、品川さんは、上司の勧めで心療内科を受診したところ、ASDと診断を受け、そのことを上司に告げました。品川さんは、なるべく人と関わらないで済む部署への異動を希望していましたが、次期の人事異動で、支店の法人営業部へ異動することになりました。

　品川さんは上司へ抗議したところ、「君は人間関係が苦手だから、あえて営業部で鍛えてもらったほうがいい。君のための異動だよ」と言われました。

法律の解説

● 異動（配置転換）とは？

　入社した際の労働条件について、「勤務地は東京都内とする」「職務は営業職とする」と限定して合意している場合は、その範囲内でしか異動させることはできません。ただし、そのような限定合意があっても、労働者が他の勤務地や他の職務で働くことに同意すれば、異動させることは可能ですが、会社側の圧力で不本意ながら同意した場合には、同意が無効になることもあります。

　一方、そのような勤務地や職務の限定がない場合（いわゆる総合職採用の場合）で、就業規則に「会社は業務の必要により社員に異動を命じることがある」との規定があれば、会社側の異動命令には原則として従わなければなりません。

● 異動を拒否できる場合

　異動命令も業務命令のひとつですから、正当な理由なく拒否すれば、懲戒処分を受けることがあります。ただし、① 異動命令に業務上の必要性が存在しない場合、② 異動命令が会社側の不当な目的に基づく場合、③ 異動すると労働者側に著しい不利益が生じる場合、のいずれかに該当するときは、異動命令を拒否することが正当化されます。[40]

　実際に争いになる例として多いのは、②③です。②の例として、退職に追い込む目的や、気に食わない部下への嫌がらせの目的で、異動命令が出されるケースがあります。③の例として、育児や介護する家族がいるケースがあります。

---

[40] 最高裁昭和61年7月14日・労働判例477号6頁

> 解決のヒント

● 異動命令における合理的配慮の適用

　異動の際に合理的配慮をどのように適用すべきかが争点になった裁判例は、未だ存在しないようですが、精神疾患を抱えていた場合の配慮について、参考になる裁判例[41]があります。

　この裁判例では、「反応性抑うつ状態」との診断を受けていた労働者の異動（転勤）について、「転勤は、職務内容・職場環境・通勤手段等に関する大きな環境変化を当然に伴うものであり、精神疾患を有する者にはこれらの環境変化がその病状の増悪を誘因するおそれがあることから、このような精神疾患を有する者に対する転勤命令は、主治医等の専門医の意見を踏まえた上で、当該精神疾患を増悪させるおそれが低いと言える場合の他、増悪させないために現部署から異動させるべき必要があるとか、環境変化による増悪のおそれを踏まえてもなお異動させるべき業務上の理由があるなど、健常者の異動と比較して高い必要性が求められ、また、労働者が受ける不利益の程度を評価するに当たっても上記のおそれや意見等を踏まえて一層慎重な配慮を要するものと解すべきである」と述べて、結果として転勤命令は、安全配慮義務（Q21参照）に違反すると判断しました。

　発達障害の人は環境変化に適応することが苦手ですので、この裁判例のように、「健常者の異動と比較して高い必要性が求められ」「労働者が受ける不利益の程度を評価するに当たっても……一層慎重な配慮を要する」と判断すべきでしょう。

---

[41] 東京地裁平成27年7月15日・労働判例1145号136頁

Q 17
社内トラブルは誰が責任を負う？

> 事例

高田さん（ASDと診断）は、会社の懇親会の場で、40代で独身のふくよかな同僚女性の馬場さんに対して、みんなに聞こえるくらいの大きな声で「データによるとBMIが30〜40の女性は死亡リスクが1.37倍ですから、馬場さん、気を付けたほうがいいですよ！」と言いました。馬場さんは、苦笑いして、その場は我慢しました。しばらくして、「理想の結婚相手」という話題で馬場さんが楽しそうに同僚たちと話しているとき、高田さんは、大きな声で「データによると40歳女性の5年後結婚率は1％未満らしいですよ！ 100回くらいお見合いしないとダメですね！」と言いました。

翌日、馬場さんは、会社のコンプライアンス部署に電話して、「私はもう高田さんと一緒に働きたくありません。みんなの前であんな風に言われて、もう恥ずかしくて会社に行けません」と訴えました。

> 法律の解説

● 高田さんの言動の責任は？

　高田さんの言動は、暗に馬場さんの社会的評価を低下させるものですから、名誉毀損に該当します（Q15参照）。また、容姿や婚姻について言及することは、セクハラにも該当します。

　したがって、高田さんは、馬場さんに対して、精神的苦痛による損害賠償責任を負います（ただし、慰謝料額はそれほど高くはならないでしょう）。

● 会社側の責任は？

　会社側は、職場のすべての労働者に対して、働きやすい良好な職場環境を維持する義務（職場環境配慮義務[42]）を負っています。これは、「パワハラやセクハラなど労働者同士のトラブルを防止する義務、万が一トラブルが生じた場合に、適切に対処する義務」と言い換えることができます。

　これらの義務に違反して、会社側が漫然とトラブルが生じるのを放置した場合、会社側は、被害を受けた労働者に対して、損害賠償責任を負います。また、会社側は、加害者の雇い主（使用者）としての責任も負います[43]。

　どちらの法律構成をとっても、損害賠償責任を負うという結論は変わりません。

---

[42] 「職場環境配慮義務」を明確に定めた法令はありませんが、労働契約に付随する当然の義務（信義則上の義務）、または民法709条の不法行為法上の注意義務と解釈されています。労働契約法5条の「安全配慮義務」と同種の義務とも言えます。
[43] 民法715条1項

> 解決のヒント

● 高田さんの特性の考慮

　会社側は、高田さんに対して合理的配慮の提供義務を負っていますので、注意する際には、「どうしてそんなことを言うのか！」「あなたの行為はハラスメントだ！」などと頭ごなしに非難するのではなく、どういう場面でどういう言動をすることがハラスメントに当たるのか、具体的に説明する必要があります（不適切な注意方法は、合理的配慮の提供義務違反となります）。

　一方、会社側が、馬場さんに対して、「我慢してください」と求めることはできません。高田さんの特性（思ったことを口に出してしまう）に配慮するとしても、他の従業員を犠牲にすることはできません。

　ただし、合理的配慮指針が例として、「本人のプライバシーに配慮した上で、他の労働者に対し、障害の内容や必要な配慮等を説明すること」をあげていることに照らせば、「高田さんは故意に馬場さんを傷つけようとしたわけではないのですよ」と、高田さんに代わって会社側が釈明することはできるでしょう。

　会社側としては、発達障害の人を「腫れ物」のように扱うのではなく、本人に対する適切な指導をしつつ、周りの従業員にも理解を求めるというトータル的な対応が求められるのです。

Q 18
仕事中のミスはすべて従業員の責任になる？

> 事例

目白さん（ASDと診断）は、Q法人が運営する介護施設で介護職員として勤務しています。

ある日、一本杖を使用している雑司さん（85歳、女性、要介護2）が、通所サービスのために施設を訪れました。雑司さんが、施設内の車椅子用トイレに行こうとしたので、目白さんが歩行介助をしようとしたところ、雑司さんは「ひとりで大丈夫だから」と言いました。目白さんはその言葉をそのまま受け取り、雑司さんをひとりでトイレに行かせました。

ところが、車椅子用トイレは広く、手すりもなかったため、雑司さんは便器に辿り着くまでに滑って転倒し、大腿骨を骨折してしまいました。

雑司さんの家族は、ひとりでトイレに行かせたことに激怒し、目白さんとQ法人を訴えると言いました。

法律の解説

● 労働者の顧客に対する損害賠償義務

　従業員（労働者）である目白さんは、直接、顧客（利用者）と契約していませんが、不注意によって怪我をさせてしまった場合、利用者に対して損害賠償義務を負います[44]。一方、Q法人は、直接、利用者と介護契約を結んでいるので、契約上の損害賠償義務を負います[45]。また、Q法人は、労働者の行為について、使用者としての責任も負います[46]。

　ちなみに、事例の参考とした裁判例は、会社側のみが訴えられ、約1600万円の損害賠償を認めましたが[47]、利用者にも落ち度（過失）があったとして、3割減額されました。

● 会社側から労働者への請求

　会社側が利用者に対して全額賠償した場合、会社側は労働者に対して「本来はあなたが負うべき賠償を肩代わりしたのだから、その分を会社側へ弁償しなさい」と請求できるでしょうか？

　最高裁は、次のように一般的な基準を示しました[48]。「使用者は、その事業の性格、規模、施設の状況、被用者の業務の内容、労働条件、勤務態度、加害行為の態様、加害行為の予防若しくは損失の分散についての使用者の配慮の程度その他諸般の事情に照らし、損害の公平な分担という見地から信義則上相当と認められる限度

44　民法709条
45　民法415条
46　民法715条1項
47　横浜地裁平成17年3月22日・判例タイムズ1217号263頁
48　最高裁昭和51年7月8日・民集30巻7号689頁

において、被用者に対し右損害の賠償又は求償の請求をすることができるものと解すべきである」。つまり、全額ではなく、「相当と認められる限度において」、会社側（使用者）は労働者（被用者）に対して賠償請求（求償）できる、ということです。

裁判例の傾向としては、労働者側の不注意の程度が重ければ、5割～7割程度の請求を認め、不注意の程度が軽ければ、0～3割程度の請求を認めているようです[49]。

解決のヒント

●「損害賠償義務」における合理的配慮の適用

労働者が発達障害であった場合、会社側から労働者へ請求（求償）できる限度は、変化するのでしょうか？ 合理的配慮の指針にはこの点は明記されていませんし、これが争点となった裁判例も未だ存在しないようです。

ただし、合理的配慮の提供義務は、発達障害の特性に見合った配慮を求めていることに鑑みると、発達障害の特性に起因してミスが生じて、その結果、会社側に損害が生じた場合には、会社側はその損害を一定程度は甘受すべきことも合理的配慮に含まれる、と考えるべきでしょう。

事例の場合、目白さんの「他人の言葉をそのまま信じやすい」という特性に起因して、利用者をひとりでトイレに行かせるというミスが生じたのですから、Q法人が全額賠償したとしても、目白さんに対する請求は、低い割合となると考えるべきです。

49　労働判例百選第8版・62頁

Q 19
衝動的に提出した辞表は撤回できる？

> 事例

上野さん（ＡＤＨＤと診断）は、片付けが苦手で、いつも机の上に書類が散乱しており、そのことについて上司からたびたび注意されていました。

先日、机の上に置いたはずの契約書原本を紛失してしまいました。上司にそのことを報告すると、「だから何度も注意しただろ！」「お前は給料泥棒か！」と大きな声で叱責されました。上野さんは、カッとなって「泥棒呼ばわりされるくらいなら辞めます！」と言い返して、辞職願を殴り書きして、上司へ渡して、会社を飛び出して帰宅しました。

上野さんは、冷静になって考え直して翌日出勤した際に、上司に「やっぱり辞めません、すみませんでした」と謝りました。ところが、上司は、上野さんの顔を見ようともせず、「君は自ら退職したのだからもう来なくていいよ」と冷たく告げました。

法律の解説

● 辞職の成立時期

労働契約も契約の一種ですから、会社側と労働者側の両者が合意すれば、直ちに退職できます（合意による契約解除）。

それでは、どの段階で合意が成立するのでしょうか？まず、労働者側が辞職の意思表示を行います（辞表を提出しなくても、口頭でも構いません）。次に、その辞職の意思が会社側の人事権者に伝わり、人事権者が承諾した時点で、合意が成立します。

したがって、辞職を撤回したければ、人事権者が承諾する前、ということになりますので、もし撤回するならば急がなくてはなりません。さらに、撤回するという意思表示を確実に残しておくために（あとで「聞いていない」と言われないために）、人事権者宛てに、撤回する旨のメールやFAXを送るか、あるいは、電話で告げてその内容を録音しておくべきでしょう。

なお、本意ではなく辞職の申し入れをしてしまい、人事権者が承諾した場合、もはや救われないのでしょうか。これについて、自主退職しなければ懲戒解雇になると勘違いした場合、退職の意思表示は錯誤無効になると判断した裁判例[50]があります[51]。

また、上司から注意されたため突発的に「辞めます」と口走ってしまったものの、翌日は通常通り勤務して、翌々日には「やっぱり辞めません」と言った場合、確定的な退職の意思表示があったとは言えないと判断した裁判例[52]があります。

---

50 民法95条
51 東京地裁平成23年3月30日・労働判例1028号5頁
52 東京地裁平成27年12月22日・労働経済判例速報2271号23頁

> 解決のヒント

● 退職の意志表示における合理的配慮の適用

　ＡＤＨＤの人は衝動的になりやすく、ＡＳＤの人は感情的になってかんしゃくを起こしやすい、と指摘されています。そのため、仕事が上手くいかなかったり、上司や同僚から注意されたりした際に、本意ではなく衝動的に「辞めます！」と言ってしまう可能性があります。

　発達障害であることを告げているのであれば、会社側は、合理的配慮の一環として、衝動的や感情的になってしまいやすい特性に配慮して、退職の意思表示については、慎重に真意を確かめるべきでしょう。

　なお、厚生労働省が定めた合理的配慮指針には、退職の意思表示があった場合の合理的配慮について直接の記載はありませんが、採用後の合理的配慮事例として、「業務指導や相談に関し、担当者を決めること」「業務指示やスケジュールを明確にし、指示を一つずつ出す、作業手順について図等を活用したマニュアルを作成する等の対応を行うこと」といった意思疎通に配慮する内容があげられています。

　そうすると、退職の意思表示があった際には、意思疎通に配慮して慎重に本人の真意を確かめることも、合理的配慮の一環として求められると解釈すべきです。そして、慎重に本人の真意を確かめても、会社側にとって過重な負担にはなりません。

　いずれにせよ、会社側も労働者側も、退職という重大事項については、衝動的ではなく冷静に対処すべきです。

コラム3
職場内のルール「就業規則」とは？

　就業規則という言葉を聞いたことがあるでしょうか？　就業規則とは、いわば「会社内のルールブック」です。就業時間、休憩時間、給与の規定、休職する場合の規定、懲戒になる事由と懲戒手続きなど、会社内の決まりやトラブル処理方法などが記載されています。ただし、どんな内容を定めても良いというわけではなく、労働基準法や最低賃金法などの法令に違反する内容を定めても、無効となります[53]。また、一方的に労働者に不利になる内容を定めても、無効となります[54]。

　ところで、ASDの人は、ルールを厳格に守ろうとする傾向があるので（それ自体は悪いことではありませんが）、トラブルになることがあります。たとえば、就業規則の服務規程で「遅刻をした者は所定の理由書を提出すること」と記載されていたとしても、実際には、5分程度の遅刻であれば誰も理由書を提出せず、それをとがめる上司もいなかったとします。

　ところが、ASDの従業員が、遅刻した同僚に対して「理由書を提出してください！」と注意すると、その同僚は「誰もそんなもの書いていないでしょ？ていうか、あなたは私の上司でもないのに命令する権限があるの？」と反論すると、ASDの従業員は、上司のところに行って「〇〇さんに理由書を提出するよう指示してください！服務規程にそう書いてあります！」と強く迫りました。

　5分の遅刻問題のために、時間と労力を割く……純粋にコストの観点から言えば、「無駄なことをしている」ことになります。しかし、「無駄なこと」と思わずに、双方の話を粘り強く聞いて、職場全体が納得する方向性を見つけるべきでしょう。

---

[53] 労働契約法13条
[54] 労働契約法10条

3章

労災

　発達障害の人は、二次障害としてうつ病などの精神疾患を発症しやすいとされていますので、「労災」は切実な問題です。
　また、精神疾患についての情報を、会社側にどの程度伝えるべきか、という難しい問題もあります。
　このような労災に関するトラブルの法律的な対処について、4つの事例を通じて学んでいきましょう。

Q 20
労災とは？

> **事例**
>
> 　　駒込さんは、外資系企業に勤めていますが、毎月100時間を超える残業や、多くの取引先や同僚とコミュニケーションを取ることを求められ、ストレスで不眠になりました。先月から営業部門に異動となりましたが、営業成績も上がらなかったので、上司からフロアに響くくらいの大きな声で「どうしてできないんだ？言ってみろ！」「なんで同じミスばかり繰り返すんだ！頭おかしいんじゃないか！」と1時間近く叱責されました。駒込さんがトイレの個室に入っていると、同僚たちが「あいつ、また怒られてたな。ほんと、ダメな奴だよな」と談笑しているのが聞こえました。
>
> 　　翌日、駒込さんは出勤しようと駅に向かったところ、ホームに入った途端に激しいめまいと吐き気に襲われて倒れ、救急搬送されました。後日、精神科の診断を受けたところ、駒込さんはＡＳＤとＡＤＨＤと診断され、二次障害として適応障害とパニック障害を併発していると診断されました。

> 法律の解説

● 労災とは

　労働災害（労災）とは、仕事に関係して発生した病気や怪我について補償することです[55]。補償の方法は、労働者災害補償保険法に基づいて行政から給付される「労災」と、雇用主から賠償を受ける「労災民訴」に大きく分けられます。

　ここでは、行政上の「労災」について説明します。仕事中の怪我の場合は、イメージが付きやすいでしょう。

　たとえば、板金工場で働いているときに、手を機械に挟まれて大怪我した場合、労働基準監督署に労災申請をすると、治療費と休業補償が支給されます（後遺障害が残った場合は障害補償も支給されます）。怪我の場合は、因果関係が比較的明確ですので、不支給となる例は稀です（機械に挟まれたことが原因で手に怪我をしたことは明確でしょう）。

● 精神疾患の労災

　ところが、うつ病などの精神疾患の場合は、この因果関係の証明が難しいのです[56]。なぜなら、精神疾患の発症メカニズムは医学的にまだ未解明であり、その発症原因も多種多様なので、仕事上のストレスが原因であると立証するのが難しいからです。

55　労働者災害補償保険法（労災保険法）では、「業務上の事由又は通勤による労働者の負傷、疾病、障害、死亡等」と記されています。
56　精神疾患の他にも、心筋梗塞や脳血管疾患も、業務起因性（因果関係）の立証が難しい部類に入ります。なぜなら、これらの疾病は、遺伝的要因や加齢要因によって発症することもあるため、過重労働が原因と医学的に立証することが簡単ではないからです。そのため、行政基準では、たとえば発症1カ月前の残業が100時間を超えていた場合には因果関係を認めるという運用がなされています。

そこで、平成23年に、厚生労働省は、精神疾患についての労災認定基準をマニュアル化しました。

　このマニュアルでは、ストレス要因を36個に分類化し、その強度を「弱」「中」「強」と3段階評価して、総合評価で「強」となれば、因果関係を認めるというものです[57]。

　たとえば、うつ病発症の2カ月前の残業が平均120時間を超えていたならば、それだけで「強」の評価となります。これは、そのような過酷な長時間労働をしていれば、うつ病になってもおかしくないという医学的な経験則に基づくものです。

　また、上司からのパワハラであれば、人間性や人格を否定するような言動が執拗に行われた場合は「強」の評価となりますが、それに満たない程度であれば「中」あるいは「弱」の評価となります。

　セクハラであれば、胸や腰への身体接触が、継続して行われた場合は「強」の評価となりますが、継続していなければ「中」の評価となります。

　あるストレス要因が「中」の評価しか得られない場合、他のストレス要因で「中」の評価が存在すれば、総合評価として「強」になることがあります（たとえるなら、柔道で「合わせて一本」として勝利するようなイメージです）。

---

[57] その他、1カ月160時間を超える残業や、生死に関わる心理的負荷を受けた「特別な出来事」があった場合も、「強」と評価されます。

> 解決のヒント

● 労災の立証の壁

　精神疾患の労災申請が認められる率は、30％程度です。申請する本人は、自分の過酷な労働実態からすれば「強」の評価が得られるのは当然だと思って申請するのですが、実際は70％近くが認められません。なぜでしょうか？

　それは、「立証の壁」があるからです。たとえば、残業120時間というのは、タイムカードがあれば証明できますが、タイムカードがない場合は、なかなか認めてもらえません。

　また、パワハラの事実も、録音していれば証明できますが、録音がなければ、被害者本人が「確かにパワハラ被害にあいました」と訴えてもなかなか認めてもらえません。労基署の担当官が会社側に聴き取り調査に入りますが、パワハラをした加害者本人は「パワハラなんて一切していません」と平気で言いますし、同僚も巻き込まれたくないので「知りません」「分かりません」と言うことが多いのです。

● 労災が認められなかった場合

　労災が認められなかった場合（「不支給」という決定がされます）、不服申し立て制度があります。労働局に対する審査請求という制度がありますが、結論が覆る割合は1割程度です。

　さらに再審査請求という制度もありますが、やはり結論が覆る割合は低いです。

ここまでは、行政による判断なので、納得できなければ裁判を起こすことなります。裁判は、三審制（地裁、高裁、最高裁）ですので、労基署の判断を最高裁まで争うとなれば、3年以上はかかるでしょう。ただし、裁判所の判断によって、労災が認められることもあります。

　一例として、次のような裁判がありました。医薬品メーカーに勤めるCさんは、上司から、「存在が目障りだ、居るだけでみんなが迷惑している」「おまえのカミさんの気が知れん」「お願いだから消えてくれ」「お前は会社を食い物にしている、給料泥棒」「お前は対人恐怖症やろ」「肩にフケがベターっと付いている、お前病気と違うか？」と言われ、自ら命を絶ってしまいました。

　しかし、労基署は、これらの発言が証明できないとして、労災を認めませんでした。一方、裁判所は、これらの発言は確かにあったとして、労災を認めました[58]。このように、うつ病などの精神疾患の場合の労災は、「立証の壁」とのたたかいなのです。

● **発達障害の影響**

　精神疾患の労災認定基準（業務起因性の判断）は、「ストレス脆弱性理論」に基づいて策定されています。「ストレス脆弱性理論」とは、外部からのストレス強度と個体側のストレス耐性（脆弱性）との関係で、精神的破綻が生じるかどうかが決まるという考え方です。

　この考え方によると、外部からのストレスが非常に強ければ、個体側の脆弱性が小さくても精神的破綻が生じ、逆に脆弱性が大

---

[58] 東京地裁平成19年10月15日・判例タイムズ1271号136頁

きければ、ストレスが小さくても破綻が生じることになります。

発達障害を抱えていると、うつ病などの二次障害を生じやすいとされています。言い換えれば、発達障害の人は、ストレスに対する耐性が弱い（脆弱性が大きい）と言えます。

そうすると、発達障害の人の労災認定においては、ストレス耐性が弱いことを前提にすべき（ストレス強度が「強」でない限り労災認定しないと硬直的に判断すべきではなく、ストレス強度が「中」であっても柔軟に労災を認定すべき）ということになりそうですが、残念ながら、労災認定基準においては「同じ事態に遭遇した場合、同種の労働者はどのように受け止めるであろうかという基準」とされています。つまり、「発達障害ではない労働者」を基準とする、というのです。

一方、身体障害者の労災認定において「誰を基準にすべきか」が争われた裁判例は、「労働者は必ずしも平均的な労働能力を有しているわけではなく、身体に障害を抱えている労働者もいるわけであるから……少なくとも、身体障害者であることを前提として業務に従事させた場合に、その障害とされる基礎疾患が悪化して災害が発生した場合には、その業務起因性の判断基準は、当該労働者が基準となるべきである」と判断しました。[59]

この裁判例の考え方からすると、発達障害が悪化して精神疾患を発症した場合、発達障害の当人を基準として業務起因性（因果関係）を判断すべき、ということになりそうです。

今後、発達障害の人の労災認定が柔軟に運用されることが期待されます。

---

[59] 名古屋高裁平成22年4月16日・労働判例1006号5頁

Q 21
会社に対する損害賠償
(「労災民訴」)

> 事例

巣鴨さんは、大手広告代理人に正社員として入社しました。生真面目な性格で、責任感も強く、上司から言われた指示はすべて完璧にこなそうと努力していました。

入社2年目に入ると、毎月の残業時間が100時間以上に及び、いつも不眠気味で疲労が溜まっていました。その姿を見ていた両親は、巣鴨さんに会社を休むよう勧めましたが、巣鴨さんは「休んでしまうと代わりの人がいない……」と言って出勤を続けました。

ある日、酒席で上司から靴の中に注がれたビールを飲むよう強要されたり、靴で叩かれたりしました。巣鴨さんは、翌日、家族には病院に行くと告げ、職場には電話で体調が悪いので会社を休むと告げた直後、自宅で首を吊って自殺しました。

法律の解説

● 「労災民訴」とは

　これは、実際にあった裁判例[60]を参考にしています。この裁判例では、遺族は、会社に対して、安全配慮義務違反を理由として約2億2000万円の損害賠償を請求しました。

　このように、業務に起因して病気や怪我をした場合に、会社に対して民事上の損害賠償を請求することを「労災民訴」と言います。ここで登場する「安全配慮義務」とは、会社側は従業員が健康を損なわないように配慮する義務を負っている、というものです。

　法律でも、「使用者は、労働契約に伴い、労働者がその生命、身体等の安全を確保しつつ労働することができるよう、必要な配慮をするものとする[61]」と明記されています。

　精神疾患の事例で言えば、会社側は、労働者が、仕事を原因としてうつ病などにならないように（ましてや自殺という悲劇が生じないように）注意する義務を負っている、というものです。最近導入されたストレスチェック実施義務は、その一例と言えるでしょう。

　事例のように亡くなってしまった場合、死亡慰謝料として2000万円程度が損害賠償の対象となります。休業してその間の給料が支払われなかった場合は、その給料分が損害賠償の対象となります。死亡しなければ将来得られたはずの利益（逸失利益）も損害賠償の対象となります。

60　電通事件、最高裁平成12年3月24日・民集54巻3号1155頁
61　労働契約法5条

ただし、給料まるごとの金額ではなく、生活費相当分は控除されます（生きていれば必ず生活費を支出してその分は貯蓄できないから、という考え方です）。

その他、治療費や葬儀代など関連する実費も損害賠償の対象となります。

● 労災との関係

前述の労基署に申請する労災と、会社側に請求する労災民訴、この2つの制度は、理屈上は別のものなので、両方請求しても良いですし、どちらかだけを請求しても構いません。

多くのケースでは、① まず労基署へ労災申請し、それが認められたら、② 会社側へ労災民訴として損害賠償請求をします。この場合、労災として支給された金額は、会社側への請求額から控除されます（二重取りはできません）。

一方、労災申請が認められなかった場合は、会社側も強気に出てきます。「労基署が認めないものを、どうして会社が認めなければならないのか」という態度です。

この場合は、裁判所へ労災民訴を起こすことになりますが、裁判所も、やはり労基署の判断に影響されますので、苦戦することになるでしょう（司法判断は行政判断とは別個ですが、そうは言っても、事実上は影響を受けます）。

:::tip 解決のヒント
:::

● 生真面目な性格や休まなかったことは不利に扱われる？

　電通事件では、生真面目な性格の人はうつ病になりやすいこと、同居している家族の対応（休ませるべきであったか）が争点となりました。これは、「過失相殺」という概念です。身近な例では、交通事故において、歩行者が赤信号を無視して交差点に進入した場合に、「歩行者にも落ち度があるから過失相殺として損害額を〇割減らす」というものです（Q37 参照）。

　電通事件の控訴審判決では、過失相殺として損害額を3割減らす判断がされました。つまり、3割は本人や同居家族にも責任があると判断したのです。

　しかし、最高裁は、生真面目な性格は、「同種の業務に従事する労働者の個性の多様さとして通常想定される範囲を外れるものであったと認めることはできない」から減額事由とはならないと判断し、同居家族の対応も責めるべきものではなく減額事由とはならないと判断しました。生真面目な人が損をするのはおかしな話ですので、最高裁の判断は適切なものと言えるでしょう。

　一方、ＡＳＤの人は、うつ病になりやすく、また、「仕事を休まない」という特性があると言われています。この特性が極端に現れた場合は、「通常想定される範囲を外れる」と判断され、素因減額（Q37 参照）されてしまうかもしれません。ただし、発達障害について、社会的に、少しずつ理解が広がりつつありますので、安易に「通常想定される範囲を外れる」と判断されるべきではないでしょう。

3章　労災

Q 22
もともと
うつ病であることを
申告していなかった場合は？

> **事例** 大塚さん（うつ病と診断）は、大学生のころからうつ病を患っていましたが、O社に入社したころには症状は落ち着いていましたので、あえて会社側へ告げていませんでした。
> 　入社5年を経過し、責任ある仕事を任されるようになってから、ストレスを感じるようになりました。大塚さんは、朝起きられなくなって欠勤を繰り返したり、出勤しても頭痛がひどくてボーっとしていることが多くなりました。大塚さんは、うつ病がぶり返したと思い、心療内科を受診して服薬治療を受け始めましたが、そのことを会社側へ告げませんでした。大塚さんの状態は改善せず、幻聴や幻覚を同僚へ訴えるようになり、無断欠勤を続けたため、解雇となりました。

法律の解説

● 既往症があった場合

　入社する前からうつ病の既往症があった場合、入社後にうつ病を発症したとしても、仕事上のストレスが直接の原因とは言えない場合があります。その場合、会社側は何も責任を負わないのでしょうか？

　精神的な不調で欠勤していた労働者が無断欠勤を続けていた事案で、最高裁[62]は、会社側としては、精神科医による健康診断を実施してその診断結果に応じて休職などの措置を検討し経過をみるべきであって、そのような対応を取らずに諭旨退職処分することは違法だと判断しました。

　この判例は、精神的不調の原因には触れていないことから、もともと精神的不調であった場合でも（仕事上のストレスが原因でない場合でも）、会社側は健康診断などを受けさせる安全配慮義務があると判断したものと評価されています。

解決のヒント

● メンタルヘルス情報を申告しなかった場合

　労働者が、自らのメンタルヘルスに関する一定の情報を会社側へ申告しなかったことが過失相殺の対象になるかが争われた事案で、東芝うつ事件[63]があります。

62　最高裁平成24年4月27日・労働判例1055号5頁
63　最高裁平成26年3月24日・労働判例1094号22頁

この事案では、最高裁は、メンタルヘルスに関する情報は、労働者にとって自己のプライバシーに属する情報であり、通常は職場に知られたくない情報であるから、申告がなかったとしても、労働者の心身の健康への配慮に努める必要がある（労働者にも責任があったとして過失相殺はできない）と判断しました。
　これは、前述の電通事件において、労働者の生真面目な性格や同居家族の対応を過失相殺の対象としなかった最高裁判例の流れにつながるものです。
　これらの最高裁判例の流れからすれば、発達障害の事実を会社側へ伝えなかった場合でも、会社側がメンタルヘルスの不調を認識した場合には、安全配慮義務を負うと考えるべきでしょう（Q４のとおり、厚生労働省の合理的配慮指針も、会社側が必要な注意を払えば発達障害であることを知り得た場合には、合理的配慮の提供義務を負う旨を定めています）。

　発達障害であるとのメンタルヘルスに関する情報は、とても繊細な問題であって、本人から積極的に開示されなかったことを不利益に扱うのは酷と言えるでしょう。

Q 23
休職制度と
発達障害の人に対する
合理的配慮

> 事例
>
> 　　　　中野さんは、理系の大学院を修了後、電気メーカーのＰ社に総合職として入社しました。中野さんは、同僚や取引先と意思疎通が上手くできず、納期も守れないというトラブルが多発したことから、対人交渉の少ない予算管理部門に異動となりました。
> 　その後、上司の勧めで精神科を受診したところ、ＡＳＤおよび統合失調症の疑いと診断されました。そのため、Ｐ社は、中野さんに対して休職命令を発令しました。
> 　中野さんは、入通院をしながら治療を受けていましたが、休職期間満了が近づいたので、試験的に出社することになりました。試験出社の間、中野さんは、居眠りを注意されても居眠りしたことを認めなかったり、同僚に挨拶をしなかったり、ネクタイを着用せず寝癖も直さなかったり、自席で独り言を言ったりしました。
> 　Ｐ社は、中野さんのコミュニケーション能力や社会性に改善が見られず、総合職として配転可能な職務は存在しない、対人交渉を要しない業務を社内で見出すことはできないことから、復職は不可能と判断し、休職期間満了により自然退職として扱いました。

法律の解説

● 休職制度

労働者が怪我や病気で働けなくなった場合、就業規則などの定めに基づいて、会社側は休職命令を発することがあります。休職期間中の給料は、休職の原因が業務上の場合（労災の場合）と、そうでない場合（私傷病の場合）で異なります。

労災の場合は、Ｑ21で解説したように、労災保険法による休業補償を受け、不足分を会社側に対して休業損害として請求します。私傷病の場合は、会社の就業規則により異なりますが、ほとんどの会社では無給となりますので、労働者は、健康保険の傷病手当を受給して生活費を補填することになります。

● 労災を争いながら傷病手当を受給できるか？

Ｑ20で解説したように、証拠が不足している場合、労災認定を勝ち取るのは容易ではありません。労災認定を勝ち取るためには、長い年月を要することも珍しくないので、その間の生活費を工面しなければなりません。

このような場合、まずは傷病手当を受給しながら、労災が認定された場合には労災休業補償に切り替える、という方法がとれます（休業補償は遡って支給されますので、その中から、受給した傷病手当を返還することになります）。

● 休職期間が満了した場合

労災の場合は、労働基準法19条1項によって解雇が禁止され

ていますので、休職期間満了によって自然退職扱いをすることはできません[64]。

私傷病の場合は、休職期間を満了して自然退職扱いされた場合、一般的な解雇濫用法理（Q24参照）によってその有効性が判断されることになりますが、そこで判断基準となるのが「復職可能性」です。裁判例によると、従前と同じ職務を問題なく行える程度に回復していない場合であっても、相当期間の間に治癒することが見込まれ、その間に従事する適切な軽作業が存在する場合、復職可能（自然退職扱いはできない）とされています[65]。

> 解決のヒント

● 復職可能性判断における合理的配慮の裁判例

労働者が発達障害であった場合、復職可能性を判断する際に、合理的配慮はどのように考慮されるのでしょうか？

事例の参考とした裁判例は、「雇用安定義務や合理的配慮の提供義務も、当事者を規律する労働契約の内容を逸脱する過度な負担を伴う義務を使用者に課するものではない。したがって、雇用安定義務や合理的配慮の提供義務は、使用者に対し、障害のある労働者のあるがままの状態を、それがどのような状態であろうと

---

64 ただし、療養開始後3年を経過しても治癒せず、会社側が平均賃金1200日分の補償を支払った場合は、労災であっても解雇することができます（最高裁平成27年6月8日・民集69巻4号1047頁）。
65 大阪地裁平成11年10月18日・労働判例772号9頁、大阪地裁平成20年1月25日・労働判例960号5頁など
66 東京地裁平成27年7月29日・労働判例1124号5頁

も、労務の提供として常に受け入れることまでを要求するものとは言えない」と述べた上で、①上司とのコミュニケーションが成立しないことや職場で不穏な行動を起こしていることから、現部署において就労可能とは認め難いと判断し、②総合職の範囲で配置転換可能な部署は存在しないと判断し、結論として、復職可能性を否定しました（自然退職扱いを有効と判断しました）。

● 裁判例の結論への批判

しかし、この裁判例の結論は、批判されています。[*1] まず、①の点は、ＡＳＤの特性からコミュニケーションが不得手であれば、合理的配慮として対人交渉が必要となる部分を軽減または代替すれば就労可能であったかどうか、そのような配慮が会社側にとって過重な負担となったかどうかについて検討していない、というものです。

また、②の点は、厚生労働省の「合理的配慮指針」が「当該職務の遂行を継続させることができない場合には、別の職務に就かせることなど、個々の職場の状況に応じた他の合理的配慮を検討することが必要であること」と規定していることに照らせば、配置転換先を総合職に限定せず一般職にまで広げて検討すべきであった、というものです。

解雇事案や労災事案において、具体的にどのような合理的配慮が求められるかについては、今後の裁判例の集積が待たれるところです。

コラム4
ハラスメントのマメ知識

・ハラスメントの「二次被害」とは？

　Q20の駒込さんのように、発達障害の人は、生きづらさを原因として、うつ病などの精神疾患を発症しやすいと言われています。この場合、生きづらさは「一次障害」、派生した精神疾患は「二次障害」と呼ばれます。

　一方、ハラスメントの場面でも、「二次被害」というものが発生します。たとえば、職場で上司や同僚からパワハラ被害を受けた場合（これを「一次被害」とします）、会社側に対して民事訴訟を起こすと、パワハラ加害者だけでなく、仲の良かった同僚や信頼していた上司などから「そんな事実はありません」という陳述書[67]が提出されたり、法廷で証言されたりすることがあります。

　また、「〇〇さんは仕事ができないのでみんな困っていました」「仕事をせずインターネットばかり見ていました」などと有ることないこと悪口を並べ立てられることもあります。

　それを聞いた被害者本人は、「仲が良かったあの人が堂々と嘘を付くなんて……」「そんな風に私のことを見ていたんだ……」と衝撃を受け、ときには人間不信に陥ります。これが「二次被害」です。

　私は、裁判を起こすとこのような「二次被害」を受けることを十分に説明した上で、本当に裁判を起こすかどうか、依頼者さんと一緒に検討するようにしています。

---

[67] 自ら見聞きした事実を裁判所へ報告する「報告書」のようなものです。弁護士が聴き取った内容をまとめ、本人が署名押印する形式が多く、法廷での証人尋問に先立って提出されます。

・ハラスメントの度合い

　ハラスメント被害にも様々な内容、度合いがありますが、どんな責任を問われるのでしょうか？

　たとえば、職場で「恋人いるの？」と聞かれ、本人が嫌な思いをすれば、セクハラに該当するでしょう。しかし、それによって法的責任が発生するかいうと、それは別問題となります。この場合は、道義的責任（職場内で注意を受ける、再発防止に取り組むなど）はありますが、法的な損害賠償責任（慰謝料を支払う）までは問われません。法的な損害賠償の対象となるのは、身体に触れるなど悪質なセクハラの場合です。

　また、労災の認定基準では、セクハラは評価が「強」になるためには「胸や腰等への身体接触を含むセクハラであって、継続して行われた場合」が必要とされています。したがって、1回身体に触れられた場合は、慰謝料の対象にはなりますが、それによってうつ病になって会社を休職してしまったとしても、労災として認定されるのは難しくなります。

　一方、無理やりキスをするなどのセクハラの場合は、もはや民事責任に留まらず、強制わいせつ罪[68]として刑事責任も問われ得る事態となります。

　このように、一口に「ハラスメント被害」と言っても、その内容や度合いに応じて、問われる責任が異なってきます。

---

[68] 刑法176条

4章

解 雇

　一口に「解雇」と言っても、雇用形態の違いや、解雇理由によって、解雇の有効・無効の判断基準が異なってきます。また、合理的配慮の存在も、解雇の有効性に影響を及ぼします。
　このような解雇に関するトラブルの法律的な対処について、5つの事例を通じて見ていきましょう。

Q 24
解雇の有効・無効の判断基準は？

> 事例
>
> 　　　　G社の営業部に所属する正社員である田町さんは、朝起きるのが苦手で、たびたび遅刻をしていました。また、スケジュールや約束事を忘れてしまうことが多く、先日は、大事な取引先との打ち合わせをすっぽかしてしまいました。これを知った社長は激怒し、田町さんに対して、「もういい！明日から来なくていい！クビだ！」と告げました。そのため、田町さんは、荷物をまとめて帰宅しました。

> 法律の解説

● 「解雇権濫用法理」

　社長の一言で、従業員を自由に解雇することができるのでしょうか？　もし、社長（会社）が従業員を自由に解雇することができるならば、従業員は会社に逆らうことができず、パワハラやセクハラの温床になってしまいますし、解雇されてしまうと従業員やその家族の生活に重大な影響が生じてしまいます。

　そこで、労働契約法16条は、「解雇は、客観的に合理的な理由を欠き、社会通念上相当であると認められない場合は、その権利を濫用したものとして、無効とする」と定めて、解雇ができる場合を限定しています（法律用語で「解雇権濫用法理」と言います）。

　これが、俗に言う「正社員は簡単に解雇できない」と言われるものです。たとえば、就業規則で「1回でも遅刻した場合は解雇できる」と定められていたとしても、たった1回の遅刻で解雇することは「客観的に合理的な理由」を欠いていますし、「社会通念上相当」とも言えないでしょうから、解雇は無効です。

　そして、解雇の場面で問題となるのは、① 能力不足や規律違反など労働者側に原因がある場合と、② 経営悪化など会社側に原因がある場合、に大別できます。②はQ27で説明していますので、ここでは①について説明します。

● 能力不足や規律違反による解雇

　労働者の能力が、会社側が期待する水準に達していなかったとしても、直ちに解雇することは許容されません。

4章　解雇

能力向上のための教育機会を相応に与えたにもかかわらず、能力向上がもはや見込めないという段階になって、初めて解雇が許容されます。

規律違反についても同様で、軽微な規律違反が1回あったとしても、直ちに解雇することは許容されません（ただし、横領など重大な規律違反であれば1回であっても解雇が許容されます）。

解雇が有効となった裁判例としては、学習塾講師で生徒アンケートの低評価が続き生徒や保護者から多数のクレームが寄せられていたケース[69]や、信販会社で職場の人間関係を損なうような自己中心的で他罰的な言動が繰り返されたケース[70]があります。

逆に、能力不足や規律違反があったとしても、解雇が無効となった裁判例としては、現在の担当業務に関して業績不良があるとしても業務改善の機会を与えなかったケース、ラジオニュースの担当者が2週間に2度寝過ごして放送事故を起こして虚偽の事故報告書を提出したケース[72]があります。

> 解決のヒント

● 発達障害であることを会社側が知らない場合

事例の田町さんは、ADHDの可能性がありますが、本人も会社もそのことを知りません。その場合は、合理的配慮は適用され

---

[69] 大阪地裁平成22年10月29日・労働判例1021号21頁
[70] 東京地裁平成26年12月9日・労働経済判例速報2236号20頁
[71] 東京地裁平成28年3月28日・労働判例1142号40頁
[72] 最高裁昭和52年1月31日・労働判例268号17頁

ませんので、通常の解雇権濫用法理に従って、解雇の有効性が判断されることになります。

しかし、たびたび遅刻をしていたこと、スケジュールや約束事を忘れてしまうことが多かったこと、大事な取引先との打ち合わせをすっぽかしてしまったことは、減給などの懲戒事由には該当するかもしれませんが、解雇が有効（客観的に合理的な理由があって社会通念上相当）とまでは言えないでしょう。

● **売り言葉に注意**

発達障害の人（特にＡＳＤの人）は、言葉をそのまま受け止める傾向があります。そのため、事例の田町さんは、社長の言葉をそのまま信じ、帰宅してしまいました。ひょっとしたら、社長は感情的になって「明日から来なくていい！」と口走っただけで、本当は解雇する意思はなく、叱咤激励のつもりで言ったのかもしれません（「売り言葉」だったのかもしれません）。社長は、単に「すみません、次から気を付けます」という言葉を期待していただけかもしれません。それにもかかわらず、会社を辞めることになってしまうのは、田町さんにとっても社長にとっても、不利益なことです。

したがって、厳しい言葉を言われた場合、冷静になってから第三者に相談して、言葉の真意を探り、慎重に行動すべきでしょう。

Q 25
契約社員の更新拒絶

> **事例** 新橋さんは、簿記の資格を活かして、経理として1社に1年間の契約社員として採用されました。
>
> ところが、計算ミスが目立ったり、細かいルールを守ろうとして同僚と衝突したりして、ストレスでしばらく休業しました。新橋さんは、精神科を受診したところ、ＡＳＤとＡＤＨＤと診断されたので、社長にその旨を告げました。すると、「経理として採用したのに困ったな……うちは中小企業だから余裕もないし……同じ条件では契約社員として更新できないけど、障害者雇用としてなら契約しますよ」と言われました。

> 法律の解説

● 契約社員の地位

　契約期間を1年間として、会社側と労働者の両者が合意したのですから、契約の原則からすれば、1年間で契約が終了します（このように契約年数が決まっているものを「有期労働契約」と言います）。

　ところが実際には、労働者側の事情は「長く勤めたいけれども会社が提示した1年契約を受け入れざるを得ない」というものでしょう。一方、会社側の事情は「正社員で一旦雇ってしまうと解雇するのが難しいから、1年契約でいつでも切れるようにしておきたい」というものでしょう。このように、実際には、会社側のほうが強い立場に立った上で有期労働契約が締結されます。

　そこで、労働者を保護するために、① これまで何度も更新されており、実質的に期間の定めのない労働契約（正社員）と異ならない場合、② 契約が更新されると期待することに合理的な理由がある場合には、解雇権濫用法理が適用され、更新拒絶が制限されます[73]。②の「期待」の例としては、業務内容が1年以上続くことが予定されていたり、更新を前提とする会社側の言動があったりした場合です。

　ところが、最近は、契約書の中にあらかじめ「3年を超えて更新しません」などの条項が入っている例が増えています。このような「不更新条項」が入っている場合、（すべての事案で契約更新が認められないわけではありませんが）契約更新は容易には認められなくなります。

---

[73] 労働契約法19条

> 解決のヒント

● 契約社員への合理的配慮の適用

　契約社員であっても、会社側は合理的配慮の提供義務を負います[74]。したがって、発達障害であることを理由にした更新拒絶は、合理的配慮を尽くしてもやむを得ない場合（会社側に過重な負担が生じる場合）でなければ許容されないと考えるべきでしょう。

● 障害者雇用への切り替え

　会社側と労働者側の両者が合意するならば、障害者雇用として再契約することは問題ありません。多くの場合は、給料など労働条件が下がりますが、契約が更新されない（働けなくなる）よりはまだ良い、との判断もあり得る選択でしょう。

　ただし、労働契約法19条のことを知らず、「契約社員であれば、会社側が拒否すれば契約更新は絶対にできない」と勘違いして、会社側の言われるままに不利な内容で再契約しないように注意してください。一度再契約してしまうと、後から「あれは勘違いだった」として錯誤無効[75]で争うことは簡単ではありません。単に「法律を知らなかった」という弁解は通らないのです。

　契約内容に大きな変更が生じる場合、自分にとってどんな利益があって、どんな不利益があるのか、弁護士など専門家によく相談してから契約を締結すべきです。

74　障害者雇用促進法36条の3
75　民法95条

Q 26
派遣の契約を切られてしまったら？

> **事例**　有楽さんは（ASDと診断）、J派遣会社にASDであることを告げた上で、契約期間1年間で登録しました。そして、有楽さんは、K社へSEとして、派遣期間1年間で派遣されました（ただし、ASDであることはK社へ知らせませんでした）。
>
> 　有楽さんは、与えられた仕事はスケジュール通り仕上げていましたが、チームミーティングで関係ない話を延々続けたり、雑用を頼まれた際に「それは私の仕事ではありません」ときっぱり断ったりすることがあったため、K社内では「有楽さんとはもう一緒に働きたくない」という声が出始めました。
>
> 　半年後、有楽さんは、J派遣会社の担当者に呼ばれ、「明日からK社には行かなくて良いです。他の派遣スタッフを行かせます」「1カ月分の給与を支払うので、有楽さんとの契約は解除します」と告げられました。

法律の解説

● 派遣の雇用主は誰？

　実態としては、有楽さんは、K社の現場で働き、K社内での苦情が原因で契約を解除されています。しかし、形式的には、有楽さんの直接の雇用主は、K社（派遣先企業）ではなくJ社（派遣元企業）ということになります。

解決のヒント

● 派遣先からの苦情を原因として解雇できるか？

　J社との間の1年間の有期労働契約を途中で解約することが許されるかを検討することになりますが、有期労働契約の途中解約（解雇）は、「やむを得ない事由」がなければ許容されません[76]。

　仮に有楽さんがK社で横領など重大な犯罪行為をしてしまった場合は、解雇は有効となるでしょう。しかし、「一緒に働きたくない」という苦情だけでは、解雇は無効となります。

　まして、J社は有楽さんが発達障害であることを知っていたのですから、合理的配慮の一環として、J社には解雇を避ける一層の努力が求められます。

● 派遣先へ責任追及できないか？

　派遣先企業による派遣契約の中途解約について、派遣労働者の

---

[76] 労働契約法17条1項

雇用の維持・安定に対する合理的期待を損なわないようにするという信義則上の配慮を欠いた場合には、労働者は、派遣先企業に対して損害賠償（慰謝料）を請求できるとした裁判例[77]があります。

「信義則上の配慮」には、合理的配慮も含まれると解釈すべきでしょう。なぜなら、厚生労働省が定める「派遣先が講ずべき措置に関する指針」は、派遣先企業に対して、以下のように、障害者への差別禁止や合理的配慮の提供義務を定めているからです。

① 派遣先企業は、障害者であることを理由として、受け入れを拒否したり、不利な条件を設けたりすることが禁じられています。
② 派遣先企業は、障害者であることを理由として、教育訓練、福利厚生の実施について差別的取扱することが禁じられています。
③ 合理的配慮について派遣元企業から要請があった場合、派遣先企業は、可能な限り協力する努力義務が課されています。
④ 障害者からの合理的配慮に関する申出も、派遣先企業が適切かつ迅速に対処すべき苦情の範囲となります。
⑤ 派遣先企業は、障害者であることを理由として、派遣対象者から外したり、障害者を排除する目的で業務上必要ない条件を付したりすることは禁じられています。

ただし、K社は、有楽さんが発達障害であることを知らされていなかったわけですから、必要な注意を払えば知り得た場合でなければ、合理的配慮の提供義務違反を問うことはできません。

---

[77] 名古屋高裁平成25年1月25日・労働判例1084号63頁

Q 27
業績悪化で解雇できるの？

> **事例** 　神田さん（ＡＳＤと診断）は、5年前から、同族経営のＬ工業（従業員30人）で、総務係として勤務しています。Ｌ工業では、神田さんの特性を考慮して、机の周りをパーティションで区切ったり、毎朝ホワイトボードに作業内容を順番に記したり、上司が定期的に面談して困りごとを解消したりしていました。
> 　ところが、Ｌ工業は、競争激化の中で、経営状況が悪化し、3期連続で赤字となりました。ある日、神田さんは、社長に呼ばれ、「うちの業績が悪いのは知っているよね？　頼むから、辞めてくれないか。このままでは会社が潰れる」「悪いようにはしないから」と言われました。神田さんは、「悪いようにはしない」との社長の言葉を信じて、「分かりました」と答えました。ところが、神田さんが他の従業員に聞いてみたところ、辞めて欲しいと頼まれたのは、神田さんだけでした。また、会社は、神田さんが辞めることを見越して、アルバイト採用の募集をかけていました。

納得できない神田さんは、社長に対して、「私は辞めません」とはっきり伝えました。すると、社長は、神田さんに対して、何もしなくて良いから机に座っているよう指示しました。そして、神田さんを個室に呼び、「あなたにやってもらう仕事はない」「次の就職先を見つけたほうがあなたのためだ」「この合意退職書にサインしたら楽になるよ」と告げ、合意退職書にサインするよう説得してきました。

　神田さんは、「私は辞めません」「以前と同じ仕事をさせてください」とお願いしましたが、翌日以降も、同じように仕事を与えられず、退職するよう説得が繰り返されました。

法律の解説

● 業績悪化による「整理解雇」

　会社の経営状態が悪化した場合に労働者を解雇することを、「整理解雇」と言います。会社側の都合で解雇するわけですから、通常の解雇よりもハードルは高く設定されることになります。裁判例では、4つの要件（要素）によって解雇の有効・無効が判断されます。

　まず、①「人員削減の必要性」がなければ、そもそも解雇する理由がないので、解雇は無効となります。

　たとえば、会社の財務状況が十分黒字である場合は、人員削減の必要性は乏しいとなるでしょう。また、新たに採用募集をかけている場合も、人員削減の必要性に疑問が生じるでしょう。

次に、人員削減の必要性があっても、②「解雇以外の手段を尽くしたかどうか（解雇回避努力）」が問題となります。

たとえば、役員報酬を高額で維持したままであるのに、労働者を解雇しようとするのであれば、解雇以外の手段を尽くしたとは言えないでしょう。また、経費の削減に努めたかどうか、賞与減額など賃金削減策を講じたかどうか、新規採用を抑制したかどうか、希望退職を募ったかどうかなどが検討対象となります。

そして、解雇回避努力を尽くしたとしても、③「人選の合理性」がなければなりません。

たとえば、勤続年数、勤続成績、生活上の打撃の大きさ（扶養家族の有無）などが検討対象になります。ただし、何をもって合理的な基準と言えるのかは、実際には難しい判断となります。「会社の再建のためには若い従業員を優先して残すべきだ」という考えも一理あり、一方、「ベテラン従業員のほうが再就職は困難だから残すべきだ」という考えも一理あるでしょう。

さらに、④「手続きの妥当性」も問題となります。会社側の都合で解雇するわけですから、労働者に対して誠意をもって説明をしたり、意見を聞いたりしなければなりません。

解決のヒント

● 「整理解雇」における合理的配慮の適用

発達障害であるから使いにくい、会社側に負担が生じるといった理由で、整理解雇の対象とすることは、③人選の合理性の観点

から許容されるでしょうか？

　会社側には合理的配慮の提供義務[78]があるため、単に「使いにくい」という理由では人選の合理性は肯定されません。

　また、会社側に過重な負担が生じる場合には、合理的配慮の提供義務が免除されますが（Q4参照）、会社側の都合による解雇という場面ですので、安易に「過重な負担」は認められないと考えるべきでしょう。

● 退職勧奨

　会社側から労働者に対して「辞めて欲しい」とお願いすること自体は許されますし、労働者が「辞めません」と拒否することも当然できます。

　ただし、労働者が退職勧奨に応じないと明言しているにもかかわらず、繰り返し退職勧奨を行ったり、「おまえは会社にとって不要な存在だ」などと名誉を傷つける発言をしたり、仕事を長期間一切与えないなどの嫌がらせをした場合は、社会的に許容される範囲を超えていますので、違法となります（会社側に対して慰謝料を請求できます）。この場合はもはや、「退職勧奨」ではなく「退職強要」となります。

　退職勧奨された場合、どのように対処すべきか（どのような証拠を残すべきか）、すぐに弁護士へ相談してください。

78　障害者雇用促進法36条の3

Q 28
発達障害を告知した場合解雇しにくくなる？

事例　浜松さん（ＡＳＤと診断）は、Ｈ大学に准教授として採用されました。採用後、浜松さんはＡＳＤであることを自ら大学側へ告げました。

　浜松さんは、Ｈ大学の生協職員から組合員でないと誤認されたことに激怒し、生協職員を土下座させて謝罪させました。また、浜松さんは、男子学生が校内の駐輪禁止スペースに自転車を駐車したことを注意したところ、男子学生と口論になり、男子学生から強く振り払われたので、110番通報しました。男子学生が謝罪しなかったことから、浜松さんは、男子学生を刑事告訴しました。Ｈ大学では、教授会を開いてこれらのことを問題視しました。

　その後、浜松さんは、Ｈ大学病院の精神科を受診中に、持参した果物ナイフで自ら手首を切り、命に別状はありませんでしたが、臨場した警察官に銃刀法違反で現行犯逮捕されました。

　このような経緯があったため、Ｈ大学は、浜松さんを教員として相応しくないとして解雇しました。

> 法律の解説

● 発達障害を告知した場合の解雇のハードル

　発達障害であることを告知しなければ、会社側は当人が発達障害であることを知ることができないので、原則として合理的配慮の提供義務は生じません[79]。その場合、通常の解雇権濫用法理（Q24参照）が適用されます。

　一方、発達障害であることを会社へ告知した場合、会社側は合理的配慮の提供義務を負います[80]。その結果、ミスが多いなど発達障害の症状を原因として解雇できるかが問題となる場面において、発達障害であることを告知しなかった場合に比べて、解雇が許容されるハードルは上がることになります。

> 解決のヒント

● 事例の裁判例の紹介

　発達障害でない人が事例と同じ言動をした場合、おそらく解雇は有効と判断されるでしょう。一方、事例の参考とした裁判例[81]は、解雇を無効と判断しました。この判決では、ＡＳＤの特性に対して、非常に丁寧に論じて理解を示しました。そして、問題となった３件の行為についても、どのような配慮や支援をすべきであったかを丁寧に論じています。重要な部分を引用します。

79　ただし、Ｑ４で説明したように、必要な注意を払えば認識できた場合は、会社は、合理的配慮の提供義務を負います。
80　障害者雇用促進法36条の3
81　京都地裁平成28年3月29日・労働判例1146号65頁

ＡＳＤの特性一般：「原告が一定のルールを厳格に守ることを極めて高い水準で他者にも要求するところがあり、これが守られない場合には自己に対する攻撃であると被害的に受け止め、その感情をコントロールできず、反撃的な言動をとるというものであり、アスペルガー症候群の特徴としてのこだわり、組織という文脈での状況理解の困難さなどに由来するものとみるべきである。そうすると、仮にそれらの行為や態度が客観的には当然に問題のあるものであったとしても、原告としては、的確な指摘を受けない限り、容易にその問題意識が理解できない可能性が高かったと言える。……原告の非難可能性や改善可能性を検討するに当たっては、原告の行為や態度に対して、被告がＤ学長及びＥ学部長を通じていかなる対応を採り、上記のような特徴を有する原告に問題意識を認識し得る機会が与えられていたかという点も十分に斟酌（しんしゃく）しなければならない」と述べました。

1、生協職員を土下座させたことについて：「Ｄ学長は、この事態に関して、しばらく判断を留保し、原告の状況を見守るという方針をとったのみで、指導を実施するなどの積極的な措置は何ら講じておらず、前記前提事実記載のようなアスペルガー症候群の特性等を踏まえると、確かにアスペルガー症候群の者は、コミュニケーションや社会性に支障がある場合も少なくないものの、指示や指導が全く不可能というものでもないのであって、Ｄ学長の上記対応に接した原告としては、自らの行動に問題があることを認識し、以後これを改善する機会を与えられることがなかったといわざるを得ない」と判断しました。

2、男子学生を告訴したことについて：「アスペルガー症候群の原告にとって、警察への通報や告訴を行うことに問題があるという視点を自ら思い致すことは困難であることは想像に難くない……D学長及びE学部長は、原告に対して、特段具体的な指導や被告が有する問題意識の指摘を行ったことはないというのであって、上記のとおり、その不文律を容易に理解し得ないであろう原告にとっては、その問題意識を理解し、改善する機会を与えられることが全くなかったものといわざるを得ない」と判断しました。

3、病院内で自殺未遂をしたことについて：「自己が置かれた状況に対する十分な理解ができないために、まさにアスペルガー症候群の二次障害としてのうつ状態に陥り、これに起因して引き起こしたものと考えられ、原告自身が自己の行為を適切に選択すること自体がそもそも困難であった可能性も十分に考えられることからすれば、上記行為を理由として、直ちに原告を非難し、不利益を課することは酷であるといわざるを得ない」と判断しました。

その他、会社側が解雇を回避する努力を尽くしたかどうかについて：「本件解雇に至るまでに、原告が引き起こした問題の背景にアスペルガー症候群が存在することを前提として、解雇事由の判断を審査したり、原告に必要な配慮に関して、最も的確な知識を有すると思われる原告の主治医に問合せを行ったりしたことはなく（しかも、主治医はH医科大学附属病院の医師であるから、問合せは極めて容易であった）、そのことも原因となっているも

のと思われるが、解雇以外に雇用を継続するための努力、たとえば、アスペルガー症候群の労働者に適すると一般的に指摘されているジョブコーチ等の支援を含め、障害者に関連する法令の理念に沿うような具体的方策を検討した形跡すらなく、そのような状況をもって、原告に対して行ってきた配慮が被告の限界を超えていたと評価することは困難であるといわざるを得ない」と判断しました。

　また、採用時に学校側へＡＳＤであることを告知していなかった点について：「被告は、前記前提事実記載のとおり、原告のＪ学分野における優れた経歴や能力を評価し、被告が運営するＨ大学にふさわしい教員であると認めて、教員として採用し、それ以降、使用者として、そのような優れた経歴や能力を持つ教員を擁しているという利益を享受していたものであって、その後、原告の障害が判明し、これに起因して一定の配慮が必要となったとしても、これは被告としてある程度は甘受すべきものであるということもでき、その積み重ねによって対応に苦慮することとなったとして、上記のようにＨ大学にふさわしい教員であるとの評価をもって採用した原告を大学教員としての適格性を欠くとの理由で直ちに解雇し、原告にその負担を負わせることは、公平を欠くものといわざるを得ない」と述べました。

　これは、ひとつの裁判例ですが、今後、同様の判決が集積すれば、合理的配慮に関する司法判断の流れが定着することになるでしょう。

コラム5
解雇の争い方

　会社側から解雇を言い渡され、それが不当だと争う場合、どのようにしたら良いのでしょうか。争い方に決まったルールがあるわけではありませんが、概ね、次のような流れが多いです。

　まず、弁護士など専門家に相談して、会社側に対して、解雇は不当であるとの内容証明郵便を出します。内容証明郵便（配達証明付き）は、手紙の内容が相手に確かに届いたことを証拠として残す手段です（あとで「そんな手紙は受け取っていない」と言わせないために）。その他、「法的に争うぞ！」という姿勢を見せるという意義もあります。

　また、個人で加盟できる労働組合もありますので、労働組合に加入して、団体交渉をしてもらうこともできます。

　次に、話し合いによる解決が困難な場合、裁判を起こすことになります。裁判では、「解雇が無効であるから職場復帰させなさい」「解雇扱いした期間の給料を支払いなさい」と主張することになりますが、裁判で勝ったとしても、果たして、安心して元の職場で働くことはできるでしょうか？

　もちろん、悪いのは不当解雇した会社側ですが、裁判で激しくやり合って感情的なしこりが残ると、安心して元の職場で働くことはできないでしょう。そのため、解雇を争う裁判では、たとえ解雇が無効であるとしても、職場復帰せずに、金銭的な解決を図ることが多いです。

　たとえば、解雇扱いした期間の給料に加えて、1年分程度の給料を加算して支払い、合意退職する、という和解で裁判を終えます。

2部
日常生活のトラブル

日常生活でも「コミュニケーション」が求められるため、発達障害の人は様々なトラブルに巻き込まれがちです。

一方、日常生活では、職場のような「合理的配慮」は期待できません。

様々な日常生活のトラブルについて、法律はどのように機能するのか、事例を通じて学んでいきましょう。

5章

金銭のトラブル

お金の管理が苦手、セールストークをすぐに信じてしまう、インターネットやゲームにのめり込んでしまう、などなど。
　このような金銭に関するトラブルの法律的な対処について、3つの事例を通じて見ていきましょう。

Q 29
なかなか断れないセールス

> 事例
>
> 　荻窪さんは、大学入学を機に、東京都内のアパートで一人暮らしを始めました。荻窪さんが、都心の繁華街を歩いていると、女性から「アンケートにご協力をお願いできますか？」と話しかけられました。アンケートに答えたところ、「大学生さんですか？ちょっと肌が荒れていますね。近くに店舗があって、今ちょうど無料セミナーを開いているんですよ。大学生の方もたくさん来ていますよ」と言われたので、荻窪さんは女性と一緒にT社の店舗へ行きました。
>
> 　店舗では、T社商品の「美顔酵素」を飲用して肌年齢が若返ったとの体験談が紹介されました。体験談紹介の後、個別相談会が

開かれ、荻窪さんは、中学生のころから肌荒れで悩んでいることを相談したところ、専門スタッフは親身になって聞いてくれて、「うちの酵素はあなたのような方に良く効きます」「何人もの方から朗報をいただいています」などと勧められました。

荻窪さんは、専門スタッフの言葉を信じて、「美顔酵素」粉末1セット（5カ月分）を12万円（信販会社のクレジット12回払い）で購入するとの契約書にサインをしました。

ところが、荻窪さんは、「美顔酵素」を1カ月間服用したものの、宣伝された効果が現れる様子もなかったため、店舗へ電話して「契約を解約したい」と申し入れました。すると、T社の販売員が荻窪さんのアパートを訪れ、玄関先に上がり込み、「一部でも開封してある場合は解約できません」と言うので、荻窪さんは困ってしまいました。

そして、販売員は、「うちの商品は、長期間服用して初めて効果が実感できるんですよ！」と言い出しました。荻窪さんが、「大学の授業があるので、帰ってください」と断っても、販売員は帰ろうとせず、「私もノルマがあるので……手ぶらで帰ると店長に怒られるんですよ……人助けだと思って買ってください！このままでは帰れません！」と言うので、荻窪さんは、人助けだと思って、新商品の「美顔酵素EX」粉末2セット（10カ月分）を36万円（信販会社のクレジット36回払い）で購入するとの契約書にサインをしました。

法律の解説

●発達障害と消費者被害

言葉巧みなセールストークによって、もともと買いたかったわけではない品物を買ってしまうことがあります。

特に、ASDの人は、相手の表情や言葉の裏側を読むことが苦手なので、騙されやすく、他人の言葉を疑わないので、相手の言うままに高い品物を買ったり、新聞を何紙もとったりしてしまうと指摘されています。

● 消費者保護の法制度

契約が有効に成立した場合、一方的に取消したり、解除したりすることはできません[82]。しかし、消費者を保護するために、一定の条件において、特に理由がなくても契約を取消したり、無効にしたりする法制度があります。

詳細な法制度の解説は、専門書に譲りますが、消費者契約法、特定商取引法、といった法律があります[83]。

●「クーリングオフ制度」

「クーリングオフ」という制度は、イメージで言うと、「思わず買ってしまったけど、後になって頭を冷やして考えてみたら、やっぱり要らない……」というものです。

一般の消費者は、知識や経験が豊富な業者から言葉巧みに説得

---

[82] 両者が合意して解除することはできます。また、契約違反などの解除事由がある場合も解除することはできます。
[83] 日本弁護士連合会編「消費者法講義第5版」(日本評論社) など

されると、業者のペースに乗せられて冷静に考えることなく契約してしまうことがあるため、冷静になった段階で解約できるように法律で規制されました。[84]

ただし、どんな販売場面（取引形態）でもクーリングオフが適用されるわけではありません。特定商取引法によるクーリングオフの適用があるのは、① 訪問販売、[85] ② 電話勧誘販売、③ 連鎖販売、④ 特定継続的役務提供、⑤ 業務提供誘引販売取引、⑥ 訪問購入の6つです。[86]

① ②はイメージが付くと思いますので、③ ～ ⑥ について説明します。

③「連鎖販売」とは、俗に言う「マルチ商法（ネットワークビジネス）」のことで、たとえば、「友達を紹介して、その友達が商品を買ってくれれば、紹介者に紹介料が入る」という契約（システム）です。マルチ商法と似た商法として、無限連鎖講、俗に言う「ネズミ講」があります。商品売買が存在しない商法で、破綻必至で違法性が高いので法律で禁止されています（違反すると罰則もあります）。一方、マルチ商法は、商品売買のシステムですので禁止はされていませんが、クーリングオフなどの法規制を受けています。

84　特定商取引法9条など
85　店舗販売であっても、広告呼び込みの内容と実際の販売内容が異なっていた場合、訪問販売として扱われます。
86　特定商取引法以外でも、独自のクーリングオフが定められている法律があります。たとえば、老人福祉法29条8項は、有料老人ホームの前払い契約についてクーリングオフ制度を定めています。

④「特定継続的役務提供」とは、パソコン教室、エスティックサロン、外国語会話教室、学習塾、家庭教師、結婚相手紹介サービスなどのことです。これらのサービスは、実際に受けてみないと分からないことがあり、長期間の高額な契約を結んでも解約できないとすると、消費者に大きな不利益が生じることから、クーリングオフの対象となりました。

⑤「業務提供誘引販売取引」とは、たとえば、在宅ワークを紹介すると言われてそのワークに必要なパソコンと教材ソフトを購入した場合などです（「内職商法」とも言われます）。

⑥「訪問購入」とは、たとえば、「お宅にある不要な貴金属を買い取らせてください」と訪ねて来て、買い取るまで帰ってくれなかったり、正しい情報を伝えず相場よりも低い価格で買い取ったりする場合です。

このように、特定商取引法によるクーリングオフが適用されるのは6つの販売場面ですから、テレビやインターネットの通信販売には適用されません（ただし、独自に返品制度を設けていることが多いです）。また、デパートで店員に勧められて羽毛布団を購入した場合にも、クーリングオフは適用されません。

● クーリングオフの注意点

クーリングオフは、いつでも行使できるわけではありません。訪問販売、電話勧誘販売、特定継続的役務提供、訪問購入の場合は、業者からクーリングオフに関する説明文書を受け取ってから8日間以内、連鎖販売と業務提供誘引販売の場合は、説明文書を

受け取ってから20日間以内にしなければなりません。

ただし、この説明文書の内容は法律で決められていて、その内容に欠陥があれば、クーリングオフ期間は進行しません。

業者側がこの期限を悪用して、クーリングオフを妨害することがあります。たとえば、事例では、業者側が「一部でも開封してある場合は解約できません」と言っていますが、開封していない商品はクーリングオフが可能なので、これは虚偽説明によるクーリングオフ妨害になり、クーリングオフ期間は進行しません。[87]

このように、業者側の説明文書に欠陥があったり、クーリングオフを妨害する行為があったりした場合には、クーリングオフ期間は進行しませんので、8日間や20日間を経過してしまっても、諦めずに、自治体の消費生活センターや弁護士などへ相談してください。

なお、クーリングオフは、口頭ではなく、文書で通知しなければなりません。あとで業者から「受け取っていない」と言われないために、業者が受信した記録が残るように、内容証明郵便（配達証明付き）やFAXで送ることが望ましいです。

● 「過量販売規制」

訪問販売において、「その日常生活において通常必要とされる分量を著しく超える」商品や特定のサービスに関する契約をした場合、1年以内であれば、特に理由がなくても契約を解除することができます。[88]

---

[87] 特定商取引法9条1項但書
[88] 特定商取引法9条の2

この制度は、高齢者など判断能力が低下している消費者をターゲットにして、日常生活において通常必要とされる分量を超える商品（ふとん、着物、健康食品、リフォーム工事、床下換気扇など）を売り付ける「次々商法」が社会問題化したため、それに対処するために2008年に導入されました。

事例の荻窪さんの場合、後半で「美顔酵素EX」を10カ月分購入したことは、「その日常生活において通常必要とされる分量を著しく超える」商品と評価できますので、契約を解除することができます。[89]

● クレジット払いの拒否

事例の場合、自宅まで来た販売員がなかなか帰ってくれないため、荻窪さんは、根負けして、追加で契約してしまいました。このような場合、困惑勧誘（不退去）による取消し制度を活用することができます。[90]

また、荻窪さんは、信販会社のクレジット払いを使っていますので、いずれ信販会社から請求が来ます。形式的に考えると、商品購入の契約相手はＴ社であって、信販会社は立替え払いをしているだけですから、購入経緯で何があったか知らない信販会社に迷惑をかけることはできない、ということになりそうです。

しかし、消費者保護の観点から、Ｔ社に対するクーリングオフや取消権などを理由として、荻窪さんは、信販会社に対しても支払いを拒否することができます。[91]

89　公益社団法人日本訪問販売協会が「通常、過量には当たらないと考えられる分量の目安」を発表しており、参考になります。
90　消費者契約法4条3項1号
91　割賦販売法35条の3の19

> 解決のヒント

● 消費者契約法の改正

2018年に消費者契約法が改正され、新たに6つの類型について、契約取消権が定められました。

・社会経験の不足に付け込んで、進学願望、就職願望、結婚願望などについての不安をあおったり、容姿や体型などのコンプレックスを逆手にとったりして契約させた場合[92]
・社会経験の不足に付け込んで、恋愛感情を逆手にとって契約させた場合[93]
・判断能力の低下に付け込んで、生活や健康への不安をあおって契約させた場合[94]
・霊感など実証困難な事柄を持ち出して、不安をあおって契約させた場合[95]
・まだ契約していないのに勝手に契約内容を進めて「もう今更元には戻せない」と迫って契約させた場合[96]
・「契約しないなら損失を払え」と迫って契約させた場合[97]

発達障害の人は、前述のとおり、相手の言葉を信じてしまう（消費者被害にあいやすい）特性があることから、この法改正によって、救済される範囲が広がることが期待されます。

---

92 消費者契約法4条3項3号
93 消費者契約法4条3項4号
94 消費者契約法4条3項5号
95 消費者契約法4条3項6号
96 消費者契約法4条3項7号
97 消費者契約法4条3項8号

Q 30
賃貸借契約書は常に有効？

> 事例

蒲田さんは、アパートにひとりで暮らしていますが、片付けが苦手なので、部屋の中はゴミが散乱している状態でした。あるとき、自動引落し口座にお金を入れるのをうっかり忘れてしまったので、家賃の引き落としができませんでした。

すると、蒲田さんの部屋のポストに「貴殿との賃貸借契約を解除しますので、1週間以内に退去してください」と書かれた通知と、「賃借人が賃料の支払いを1カ月分でも滞納したとき、賃貸人は、催告することなく、直ちに賃貸借契約を解除することができる」と書かれた契約書のコピーが入っていました。

蒲田さんが困っていると、翌日、不動産管理会社の担当者が「契約解除なので部屋の中を見せてください」と言って強引に部屋に入り、「おたくの使い方がとても悪いので、全面的にクリーニングが必要ですね！敷金で足りない分の請求書を送ります」と言い出しました。そして、後日、約100万円の請求書が届きました。

> 法律の解説

● 契約解除＝信頼関係の破壊

　賃貸借契約書において、「賃借人が各契約条項に違反した場合、賃貸人は賃貸借契約を解除できる」と定められていることがあります。

　しかし、賃貸借契約は生活の基盤である「住む場所」を確保するための契約ですから、容易に解除されてしまうと、賃借人の生活が脅かされてしまいます。

　そこで、裁判実務では、賃貸借契約の解除が有効となるためには、契約違反の程度が「賃貸人と賃借人との間の信頼関係が破壊された」と評価される程の重大な場合に限定されます。たとえ契約書に「1日でも家賃が遅れた場合は契約解除できる」と定められていても、その程度では「信頼関係が破壊された」とは評価されませんので、解除は無効です。ちなみに、家賃滞納の場合は、3カ月程度滞納すると「信頼関係が破壊された＝解除が有効」とされています。

　また、「ペット飼育禁止条項」が定められている場合がありますが、小さなハムスターを1匹飼っていたからといって、それだけで「信頼関係が破壊された」とは評価されません。

● 原状回復費用の負担

　アパートなどの賃貸物件を退去する際、賃借人は、部屋の状態を元に戻すこと（原状回復）を求められます。原状回復について疑問が生じた場合、まず、契約書の特約条項を確認しましょう。

賃貸借契約書に、修繕や原状回復に関する区分が記載されていれば、それに従って、家主あるいは賃借人が修繕費用やクリーニング費用を負担することになります。ただし、どのような特約であっても有効になるわけではなく、① 特約の必要性があり、かつ、暴利的でないなどの客観的・合理的理由が存在すること、② 賃借人が特約によって通常の原状回復義務を超えた修繕等の義務を負うことについて認識していること、③ 賃借人が特約による義務負担の意思表示をしていること、が必要となります。[98]

　賃貸借契約書に、特に区分が記載されていなければ、部屋を通常の方法で使用しても損傷したり劣化したりした場合（いわゆる「経年劣化」の場合）、家主が修繕・クリーニング費用を負担することになります。また、賃借人が故意あるいは不注意によって損傷したり汚したりした場合は、賃借人が修繕・クリーニング費用を負担することになります。

　具体的な区分は、国土交通省が「原状回復をめぐるトラブルとガイドライン」を発表していますので、参考にしてください。たとえば、日照による壁紙の変色、冷蔵庫裏の黒ずみ（電気やけ）、家具による床へこみは、通常の使用でも発生するものなので家主負担となります。一方、タバコによる壁紙の変色、子どもによる落書き痕、ペットによる柱のひっかき傷は、通常の使用で発生するものとは言えませんので、賃借人負担となります。

　事例の蒲田さんの場合、ゴミを散乱させた結果の部屋の汚れは、賃借人の故意あるいは不注意による損傷や汚染と言わざるを得ないので、蒲田さんの負担となります。

98　最高裁平成 17 年 12 月 16 日・判例時報 1921 号 61 頁

解決のヒント

● 落ち着いて交渉

　以上のように、契約書の条項がすべて有効となるわけではありませんので、賃貸人（家主）から解除通知をされた場合、落ち着いて、弁護士へ相談してください。また、多額の原状回復費用を請求されたとしても、その金額が妥当かどうかは分かりませんので、内訳を良く検討し、高額過ぎる（もっと安くクリーニングできるはず）という場合は、家主側と減額交渉をしてみましょう。

● ゴミ屋敷の対策

　隣近所に「ゴミ屋敷」がある場合、悪臭、害虫発生、火事のおそれなど、周囲の住民はとても迷惑します。ところが、周囲の住民からすれば「ゴミ」であっても、当の住人にとっては「所有物」であるので、他人が無断で運び出したり廃棄したりすることはできません。

　しかし、それでは市民生活が成り立ちませんので、近年、一定の要件下において、住人の承諾がなくても強制的に堆積物を撤去できるいわゆる「ゴミ屋敷条例」が各自治体で定められるようになりました。

　なお、ゴミ屋敷の住人は、もともとはゴミを溜めるような人ではなく、様々な事情からそのようになってしまったケースも多いです。そのため、強制的にゴミを撤去するだけでは根本的な問題解決にはなりませんので、医療や福祉の観点からの行政支援も同時に必要となります。

Q 31
借金が返せなくなってしまったら？

> **事例**
>
> 　赤羽さんは、奨学金を受けながら大学を卒業し、大学卒業後にU社に就職しました。ところが、赤羽さんは、集中力がなく、コミュニケーションも苦手なため、U社を半年で退職しました。そして、転職を繰り返すうちに、安定した職に就けなくなり、生活費の不足分を補うために、親族や知人からお金を借りたり、複数の消費者金融から次々と借り入れをしたりするようになりました。
>
> 　現在、赤羽さんのアルバイトによる収入は、月18万円ですが、毎月7万円を債務の返済に回しています。奨学金を含む債務の総額は600万円で、いっこうに減りません。

法律の解説・解決のヒント

● 借金の整理方法

　赤羽さんのように収入に比較して借金返済額が大きい場合、もはや生活が成り立ちません。生活するためには、更なる借り入れをしなければならず、借金は膨らむ一方です。
　生活を立て直すための借金の整理方法として、①「債務整理」、②「自己破産」、③「個人再生」、という手続きがあります。

　①「債務整理」
　弁護士や司法書士が代理人として業者と交渉して、借金総額の減額や、返済スケジュールの引き直し（リスケジュール）をすることです。[99]
　ただし、あくまで任意の交渉ですので、無理な提案をしても、相手（特に業者）は応じません。業者は、利息のカットや減額には応じることがありますが、元金の減額にはほとんど応じませんし、リスケジュールにも3～5年間程度の分割しか応じません。
　赤羽さんのケースでは、総額600万円、5年間（60回払い）でリスケジュールするならば、月額10万円を返済することになりますが、現実的には不可能です。
　現実的な債務整理計画が組めない場合、自己破産などの法的手続きを検討することになります。

---

[99] 弁護士や司法書士が代理人に就任したと業者へ通知すると、業者から本人に対する催促や連絡は止みますので、ひとまず精神的に落ち着くことができます。

② 「自己破産」

借金が返せない状態に陥った場合に、裁判所へ申し立てることで、返済義務を免除してもらう制度のことです。本人でも申し立てはできますが、専門的な内容が多いので、弁護士に依頼したほうが無難です。[100]

弁護士に依頼した場合の流れを説明しますと、まず、弁護士から消費者金融などの債権者に対して、「弁護士が受任したので本人へ請求したり連絡したりしないでください」という通知を出します。この通知によって、債権者からの督促が止みますので、一息付くことができます。[101]

あとは、弁護士と打ち合わせをしながら、裁判所へ提出する書類を整えます。申し立てをしたあとの流れは、各裁判所によって運用が異なりますが、東京地方裁判所の場合は、本人が一度は裁判所へ出廷しなければなりません。

特に問題がなければ（問題がある場合はQ 32）、裁判所から「借金を返さなくても良い」という決定（「免責許可決定」と言います）が下りて、無事に、手続きは終了します。

・自己破産の注意点

自己破産は、いわば「借金をチャラにする＝債権者に泣いてもらう」制度なので、厳格な公平さが求められます。たとえば、「消費者金融からの借金はチャラにしたいけど、親友から借りた

---

[100] 破産のための費用（弁護士費用含む）は、これまで返済に回していたお金の一部を積み立てることで工面します。生活費がギリギリで、積み立てることが難しい場合は、一定の条件下であれば、「法テラス」という機関で弁護士費用の立て替え制度を利用することもできます。

[101] 高金利の無登録業者（いわゆる「ヤミ金」）から借りた場合、執拗な督促を受けますが、弁護士からヤミ金へ連絡することで、督促は止みます。ヤミ金の行為は違法なので、利息だけでなく、元本も返済する必要はありません。

お金は返す」ということはできませんので、注意が必要です。

　また、保証人がいる場合、もともとお金を借りた人が破産すると、保証人が代わりに返済する義務を負います。保証人も返済ができない場合、保証人も自己破産する必要があるので、「保証人には絶対迷惑をかけたくない」という場合、注意が必要です。

　なお、自己破産になっても、巷で言われるほど、不利益はありません。一定の職種は資格制限を受けますが、一般の会社員や公務員はそのまま勤めることができます。

　また、周囲の人に破産したことが知られてしまうわけではありません（ただし、官報という政府が発行する紙面に掲載されます。一般の人が目にすることは稀です）。

　もちろん、自己破産するかどうかは本人の選択ですが、無理して返済しようとして生活が成り立たなくなると、身体だけでなく精神も壊れてしまいますので、無理して返済しようとすることはお勧めしません。自己破産するかどうか迷ったときは、弁護士とよく相談してください。

　③「個人再生」

　給料などの定期収入がある場合、借金の総額を 5 分の 1 程度に圧縮減額して、3〜5 年間程度の分割で返済する、という裁判所の手続きです。住宅ローンがある場合、自己破産すると住宅を売却しなければなりませんが、個人再生では、住宅ローンだけ返済を続けて、その他の借金を圧縮減額することができる、というメリットがあります。

Q 32
買い物依存症や
ギャンブル依存症に
なってしまったら？

事例

　小岩さんは、パソコンが好きで、新製品が出るとすぐに欲しくなり、大手都市銀行が発行しているカードローンを使って買ってしまいます。また、ブランド物の洋服やカバンも好きで、お店に行くと店員から「お客様に良くお似合いですよ！」と言われると、すぐにクレジットカードで買ってしまいます。

　さらに、最近は、パチスロが仕事のストレス解消になると友達に勧められたため、週末は、一日中パチスロをして過ごしています。

　こんな生活を続けているうちに、小岩さんは、カードローンや消費者金融など計6社から総額500万円を借り入れている状態になってしまいました。

法律の解説

● 発達障害と依存症

　ＡＤＨＤの人は、刺激に敏感で、新しい物好きで、新製品の予約販売などが始まると真っ先に飛び付くタイプと指摘されています。ＡＳＤの人は、買い物に行くと、店員に勧められるままに買ってしまうと指摘されています。また、ギャンブル依存症とＡＤＨＤは密接に関わっていると指摘されています[*2]。

　このように、発達障害の人は、買い物依存症やギャンブル依存症に陥ってしまうことがあります。

　ちなみに、最近、インターネットのオンラインゲームなどに熱中し過ぎてしまう「ゲーム依存症」も社会問題化しており、2018年に世界保健機構は精神疾患として正式に認定しました。ＡＳＤの人は、物事にのめり込みやすいため、ゲーム依存症になる可能性も高いようです。

● 浪費やギャンブルの借金では破産できない？

　破産手続きの最大の目的は、「免責許可決定」を得ることです（Ｑ31参照）。ところが、破産法は、浪費や賭博（ギャンブル依存）によって借金が膨らんだ場合には、免責許可を出さないと規定しています[102]。

　自己破産は、いわば「借金をチャラにする＝債権者に泣いてもらう」制度ですから、漫然と浪費やギャンブルを繰り返して借金を作った場合にも破産（免責）を許すことは、不公平だからです。

102　破産法252条1項4号

ただし、買い物依存症やギャンブル依存症は、「依存症」と付くとおり一種の病気という見方ができます。また、これらの依存症は、発達障害の特性から派生した場合もあります[103]。そうすると、「漫然と浪費やギャンブルを繰り返した」と一律に評価することは、酷な場合もあります。そのような場合、裁判所は、「破産手続開始の決定に至った経緯その他一切の事情を考慮して免責を許可することが相当であると認めるときは、免責許可の決定をすることができる」と規定されています[104]。

解決のヒント

● 社会的な支援

一度破産すると、7年間は、原則として破産ができません[105]。しかし、「依存症」であるため、根本的な治療をしないと、再度、浪費やギャンブルを繰り返してしまいます。再発しそうであれば、依存症を専門に扱っている精神科を受診して治療し、また、同じ依存症の人々の集まり(自助グループ)にも参加すべきでしょう。

また、ギャンブル依存症やゲーム依存症などの症状がひどくて安定した就労ができず、生活が成り立たない場合、生活保護を受けながら、治療に専念することも考えられます。

---

103 特にギャンブル依存症は、世界保健機関や米国精神医学会の精神疾患分類の中で、正式な疾病として扱われています。
104 破産法252条2項
105 破産法252条1項10号イ。なお、自己破産すると、当面の間、クレジットカードを作ったり、カードローンを申し込んだりすることができなくなるため(俗に言う「ブラックリスト」に載るため)、浪費や過度のギャンブルをすることが難しくなります。ただし、ヤミ金が破産経験者に対して「他の業者は貸してくれなくても、ウチでは貸しますよ」と言って勧誘してくることがありますので、注意が必要です。

コラム6
怪しげな「商法」

　事例で紹介した以外にも、世の中には、怪しげな「〇〇商法」がたくさんあります。そこでは、様々な心理テクニックが駆使されています。代表的な「〇〇商法」の概要を記します。

「展示会商法」：葉書などで展示会や展覧会などの会場に誘い、そこで商品を販売する商法です。

「かたり商法」：役所や公的機関から来たかのように装って信用させ、その商品を買う義務があるかのような虚偽を告げて商品を売り付ける商法です。

「点検商法」：「無料でシロアリの点検をします」などと述べた上で、「シロアリが床下を侵食しています！このまま放っておくと建物が倒壊しますよ！」などと虚偽を述べて、不要な役務の提供や物品の販売を行う商法です。

「ホームパーティ商法」：個人の自宅を業者が借りて、近隣住民を招いてホームパーティを開催し、その場で断りにくい雰囲気を作って、鍋セット、下着、洗浄器などの商品を購入させる商法です。

「デート商法」：言葉巧みな話術で異性に好意を抱かせ、それに付け込んで商品（宝石など）を販売する商法です。

「催眠商法」：閉め切った会場に人を集め、無料で日用品を配ったり、巧みな話術を駆使したりして、参加者を興奮状態に陥れ、冷静な判断能力を失ったところで高額な商品（羽毛布団、健康器具など）を売り付ける商法です。参加者にサクラがいることもあります。

「送り付け商法」：商品を注文していないにもかかわらず、突然、商品（皇室記録、紳士録、高級カニなど）と請求書を送り付ける商法です。「5日以内に返送されない場合は購入したものとみなします」などの記載があっても支払う義務はありません。14日を経過しても業者が引き取らなければ、商品を返す必要もありません。

ちなみに、詐欺被害の場面では、1回だけでなく、同じ手口によって、何回もお金を騙し取られることがあります。単純に考えれば、1回お金を払えば、次からは「なんだか怪しい」「もう払うお金はない」と思って、騙されにくくなるようにも思います。

しかし、人間には、「認知的不協和」という心理過程があるため（コラム2参照）、自分の選択した行動を正当化するために、「効果があるはずだ」「効果があると信じたい」と自ら言い聞かせるように思い込むのです。

たとえば、身の回りで不幸な出来事が連続して起きたので、不安になって占い師に相談したところ、「祈祷（料金200万円）すれば救われる」と言われたとします。ところが、依然として不幸な出来事が続くので、追加の祈祷（200万円）をお願いしたとします。この場合、最初の200万円の祈祷がウソ（インチキ）だったという現実に直面することは、本人にとって受け入れ難いことです。そこで、200万円で祈祷を依頼したという自分の行動を正当化するために、「本当に効果があるはずだ」「効果があると信じたい」と自ら言い聞かせ、更にお金をつぎ込むのです。

霊感商法や消費者被害には、このような心理学的知見が悪用されることがありますので、注意が必要です。

6章

恋愛のトラブル

　恋愛の場面では、相手の言葉の裏側を読んだり、言葉以外の行動や仕草から心の中を読んだりすることが求められ、何が正解なのか直ちに理解することが難しい壮絶な「空気読みゲーム」に参加して、勝ち抜かなければなりません。このゲームには、絶対的なマニュアルも攻略本もないのです（もちろん、「合理的配慮」もありません）。

　このような恋愛や結婚生活に関するトラブルの法律的な対処について、3つの事例を通じて見ていきましょう。

Q 33
好きなのに ストーカーと 呼ばれてしまう

事例

　青山さん（男性、ＡＳＤと診断）は、勤務先の先輩社員の広尾さん（女性）から仕事を教わったり、悩みを聞いてもらったりしているうちに、広尾さんのことが好きになりました。広尾さんには恋人がいたのですが、青山さんはそのことを確かめもせずに、広尾さんに告白しました。すると、広尾さんは、「あなたはいい人だから嫌いではないけれども……お友達でいましょう！」と答えました。

　青山さんは、「嫌いではないということは、好きってことだ♪」と思い、以降、広尾さんに毎日メールを送ったり、仕事帰りに待ち伏せしたり、誕生日に高価なプレゼントをするようになりました。広尾さんは、苦笑いしながら「ありがとう……」と答えると、青山さんは嬉しくなって、広尾さんの肩を抱きしめました。

　広尾さんが、上司に青山さんのことを相談したところ、青山さんは上司から呼び出され、「君のやっていることはストーカーだぞ！」と注意されてしまいました。

法律の解説

● 「ストーカー規制法」

　ストーカーが問題となる場合、好意を抱いている方は、自分の行為が相手にとって迷惑であるという認識は乏しい一方、相手にとっては迷惑以外の何物でもありません。

　このように、当事者双方にとって認識は180度異なるのですが、そのまま放置しては平穏な社会が成り立たないので、一定の行為を規制するために「ストーカー規制法」という法律が平成12年に制定されました。

　「ストーカー規制法」では、特定の目的を持っている行為が規制対象となります。すなわち、「特定の者に対する恋愛感情その他の好意の感情又はそれが満たされなかったことに対する怨恨の感情を充足する目的」を持って、以下のような行為をした場合を、「つきまとい等」と定義して、規制の対象としています。

① つきまとい、待ち伏せ
② 「見ているよ」などと告げる
③ 「会ってください」「付き合ってください」などの要求をする
④ 「ふざけんな、てめー！」などの乱暴な言動をする
⑤ 無言電話、拒否されているのにSNSでメッセージを送る
⑥ 汚物を送り付ける
⑦ 名誉を害する事項を告げる
⑧ 性的なことを告げたり、画像を送り付けたりする

これらの「つきまとい等」をした場合、直ちに逮捕されたり、刑事裁判にかけられたりするわけではありませんが、被害者からの申告により、警察から警告を受けたり、公安委員会から禁止命令を受けたりします。
　そして、「つきまとい等」を繰り返し行って不安にさせることを「ストーカー行為」と定義して、罰則（懲役または罰金）が設けられています。
　ちなみに、ストーカー行為は、民事上も違法（不法行為）ですので、被害者に対しては、損害（慰謝料）を支払う義務を負います。

解決のヒント

● ストーカーにならないために

　自分の行為や考え方を、自分自身で客観的に評価することは、誰であっても難しいことです。そこで、誰かを好きになって、アプローチをしたい場合は、「ストーカー」になってしまわないように、ひとりで衝動的に行動せず、信頼できる友人やカウンセラーに相談して、アプローチの方法について助言を受けてください。
　また、相手を待ち伏せしたい衝動に駆られるなど、自分の感情を上手くコントロールできない場合は、認知行動療法などの心理療法によって、衝動性を抑えるトレーニングをすることもできます。

Q 34
恋人に利用されてしまった

> **事例**　板橋さん（女性、ＡＳＤと診断）は、会社では、同僚や上司はあまり話しかけてきません。ところが、繁華街を歩いていると、男性が優しく声をかけてくれるので、そのままついて行ってしまうことを繰り返すようになりました。
> 　そうしているうちに、板橋さんは、ある男性と交際して、同棲するようになりました。板橋さんは、その男性から嫌われるのが怖いため、「お金貸して」と頼まれると、黙ってお金を渡していました。また、板橋さんは、酔っ払った男性から度々暴力を振るわれ、顔や身体にアザができることもありました。

法律の解説・解決のヒント

● 発達障害と恋愛

一般に、ＡＳＤの男性は、恋愛が苦手と言われていますが、一方、ＡＳＤの女性は、相手の男性に合わせるだけで、男性が喜んで優しく接してくれるため、恋愛に積極的になることがあると指摘されています。そのため、相手の男性が女性を利用しようと悪意を持っていたり、家庭内暴力（ＤＶ）の気質を持っていたりした場合、ＡＳＤの女性は、容易に被害を受けてしまいます。

●「ＤＶ防止法」

この法律の対象者は、婚姻している夫婦だけでなく、婚姻届けを出していないいわゆる事実婚夫婦、生活の本拠を共にする恋人（同棲カップル）、別れた後の元夫婦や元カップルも含まれます。

そして、殴る蹴るなどの暴力を受けた場合や、「殺すぞ」などと脅された場合には、警察や自治体（配偶者暴力相談支援センター）が連携して、身の安全を確保するために支援したり、裁判所が保護命令（接近禁止命令、電話禁止命令など）を発令したりします。保護命令に違反すると懲役や罰金の罰則があります。

ところが、相手が冷静であれば「警察に捕まったり、刑務所に行くのは嫌だから裁判所の命令に従おう」と抑止力が働きますが、情緒不安定になって冷静さを欠いている相手には、警察も刑務所も抑止力になりません。

そこで、一番重要なことは、まず、身の安全を確保することです。精神的にも追い込まれているときは、難しい法律の制度を理

解する余裕もないでしょうから、とにかく、最寄りの警察署の生活安全課や、配偶者暴力相談支援センターに駆け込みましょう。

また、DVの相手から逃げて暮らす場合、他人が住民票を閲覧できないようにする制度もあります。

● お金の回収

恋人間でお金の貸し借りをした場合、借用書を作ることは稀で、口約束の場合がほとんどです。しかも、「お金を返して」と求めるのは、たいてい破局したあとですから、相手は、恨みや憎しみといった感情から、「お金なんて借りていない！」と開き直ることがあります。

お金の貸し借りは、法律的には、金銭消費貸借契約という契約[106]に該当し、借用書がなくても（口頭であっても）、契約は成立します。ただし、とぼけられてしまう場合は、貸した側が、契約の成立を証明しなければなりません。

借用書以外で、契約の成立を証明する手段としては、メールやLINEなどの中で貸し借りをうかがわせるメッセージが残っている場合や、送金記録（通帳や振込票）などがあげられます。

つまり、貸し借りに整合する言動や金銭の動きがあったという状況証拠から、契約の成立を証明することになります。

そこで、恋人間でお金を貸す際には、メールやLINEなどで「頼まれた〇〇万円貸すね、きちんと返してね」などと、「貸す」「返す」とのワードを使ってメッセージを送った記録を残したり、ネットバンキングなどを使って送金記録が残るようにしておきましょう。

---

[106] 民法587条

Q 35
カサンドラ症候群で離婚？

> **事例**
>
> 　　立川さん（女性）は、10年前に現在の夫と結婚しました。夫は、国立大学の工学部を卒業し、研究職として大手メーカーに勤務しています。結婚当初から、夫は、自分の部屋に閉じこもり、趣味のゲームに没頭し、徹夜してしまうことも度々ありました。
>
> 　友人を自宅に招いたとき、夫は自分の研究の話を延々と続けたり、みんなで夕食をとっている最中に「テレビ番組が始まる」と言って、ひとりで自分の部屋に行ってしまいました。
>
> 　立川さんは、2年前から子どもを保育園に預けて、派遣社員として働き始めましたが、仕事に疲れて帰って来ても、夫は、家事も育児も手伝ってくれず、決まった時間になると自分の部屋でゲームを始める毎日でした。
>
> 　やがて、立川さんは、家事や育児の疲れに加えて、夫とコミュニケーションが上手く取れないことに悩み、抑うつ状態になってしまいました。立川さんは、今後も夫と一緒に生活することについて、疑問を抱くようになり、離婚することも考え始めました。

法律の解説

● カサンドラ症候群と発達障害

「カサンドラ症候群」という言葉がありますが、これは、ＡＳＤの配偶者と生活することで、精神的にも身体的にもストレスが続き、疲れ果ててしまう状態のことです。

ＡＳＤの特性が強く現れて、夫婦間でコミュニケーションが成立しなかったり、こだわりを強く押し付けられたりする状態が続くと、「心の通い合い」や「家庭生活の喜び」を感じることができず、うつ病を発症したり、離婚に発展することが指摘されています。

● 離婚の方法

立川さんが夫と離婚したい場合、どのような手段があるでしょうか？　お互いが合意すれば（離婚届にハンコを押して役所へ提出すれば）、すぐにでも離婚できます。

一方が離婚を拒否する場合、民法 770 条 1 項が定める離婚事由である、① 不貞行為、② 悪意の遺棄、③ 3 年以上の生死不明、④ 強度の精神病、⑤ 婚姻を継続し難い重大な事由、のいずれかの事由が存在すれば、裁判所によって離婚が認められます。

ただし、離婚裁判を起こすためには、まず、家庭裁判所で離婚調停を申し立てなければなりません。

> 解決のヒント

● 発達障害は離婚事由になるか

それでは、配偶者が発達障害であることを理由として、離婚することはできるでしょうか？

まず、発達障害は、「強度の精神病」とは評価されないので、③には該当しません。「強度の精神病」とは、単に精神疾患に罹患しているだけでは足りず、それが強度のもので回復が困難な場合です。たとえば、長年、重度の統合失調症に罹患している場合などです。[107]

次に、発達障害であることが、直ちに⑤の「婚姻を継続し難い重大な事由」とは評価されません。ただし、意思疎通が極めて困難で、意思疎通の改善の可能性も乏しいなどの場合は、「婚姻を継続し難い重大な事由」があると評価されることはあり得ます。

ちなみに、巷で「5年間別居すれば離婚できる」と言われることがありますが、法律でそのように定められているわけではありません。「婚姻を継続し難い」とは、「修復の見込みが乏しい」と言い換えることができます。そのため、「5年間も別居していれば、もはや夫婦として修復する見込みが乏しい」と評価され、離婚が認められるのです。

この場合も様々な事情が考慮されますので、たとえば5年間別

---

[107] ただし、強度の精神病に該当する場合であっても、「諸般の事情を考慮し、病者の今後の療養、生活等についてできるかぎりの具体的な方策を講じ、ある程度において、前途に、その方途の見込みのついた上でなければ、ただちに婚姻関係を廃絶することは不相当（離婚の請求は許されない）」と評価されることもあります（最高裁昭和33年7月25日・民集12巻12号1823頁）。

居している夫婦であっても、定期的に会食をしているとか、一方が反省して歩み寄る姿勢を見せているなどの事情があれば、「修復の見込みはある」と評価される（離婚は認められない）ことになります。

● **関係修復のサポート**

「カサンドラ症候群」であっても、離婚ではなく、修復の道を選ぶこともできます。

まず、人間は、理解不能な事柄や未知の事柄に対しては、ストレスを感じやすいので、発達障害についての正しい知識を学ぶことが重要です。知識を学べば、「この人は、こういう人なんだ」と、以前よりも余裕を持って接することができます。

そして、夫婦間で直接話し合うことが難しければ、民間のカウンセリングを活用したり、家庭裁判所を活用したりすることもできます。

家庭裁判所では、「離婚に向けた調停」だけでなく、「夫婦関係を円満にするための調停」が用意されています。調停では、裁判官、民間から登用された調停員の他、心理学などの専門知識を備えた家庭裁判所調査官も関与して、夫婦関係が円満になるように助言を受けることができます。

コラム7
「世の中には、あなたより大変な人がいる」
と言われても……

　弁護士やカウンセラーの仕事をしていると、様々な悩みを抱えた人と接します。その悩みは、家族や友人など周囲の人からすれば些細なことに映るようで、「世の中にはもっと大変な人、悲惨な人、不幸な人がいる！」「あなたの悩みなんて大したことない！」と励まされる（？）ようです。

　これらの言葉は、確かに正論かもしれません。しかし、これらの言葉を聞いた本人は「そうだね！私よりもっと大変な人がいるから頑張ろう！」と勇気付けられるでしょうか？　この考え方を突き詰めていくと、「私のほうが不幸だ」「いや私のほうがもっと不幸だ」と不幸合戦になってしまい、世の中で一番不幸な人しか愚痴を言えなくなってしまいます。

　もちろん、悩みを他人と比較することで勇気付けられる人はいるでしょうが、みんながみんな、そうとは限りません。

　カウンセリングの場面では、主人公はあくまで本人ですから、他人の悩みと比較することはしません。比較するのであれば、自分の中での比較（なりたい自分像と現在の自分との比較）のほうがずっと有益です。

　アドラー心理学を学ぶと、このことを実感できますので、興味のある方は、是非勉強してみてください。

7章

発達障害の子どもを持つ親御さんのトラブル

　発達障害の子どもを持つ親御さんは、学校でイジメられたりしないか、何かトラブルを起こしたりしないか、心配の種が尽きないことでしょう。
　このような子どものトラブルの法律的な対処について、4つの事例を通じて見ていきましょう。

Q 36
「発達障害は治る」と言われて
水を買った

> 事例

うちの息子は、ASDとADHDを併発していて、子どものころから学校でイジメにあい、不登校を繰り返していました。精神科で治療を受けましたが、全く改善せず、このまま成人しても仕事に就くことは無理だと思っていました。

ある日、「発達障害は治ります」という民間療法のネット広告を見つけたので、営業所を訪ねてみたところ、「人体の60〜80％は水で構成されています」「水が悪いと脳に影響があって発達障害になるのです」「水道水や市販の天然水は汚染されています」「うちでは、神様の力でお清めされた特別の水を扱っています」「この水を飲み続けた会員の90％が治りましたよ」と立て続けに説明されたので、月5万円で特別の水を届けてもらう契約をしました。しかし、6カ月経っても、効果があるようには見えません……。

法律の解説

● 「薬事法違反」

薬事法68条は、承認を受けずに「がんに効く」などの効能や効果に関する広告を禁止しています（違反すると懲役刑や罰金刑が課されます）。これは、景品表示法5条が禁止している不当な表示の禁止（誇大広告）にも該当します。薬効でなくても、「記憶力がアップする」「偏差値が上がる」など根拠なく学習効果を謳う場合も、誇大広告に該当します。

これらの法令に違反して商品やサービスを売る契約は、違反の程度が重いと公序良俗に反して無効になる可能性や[108]、詐欺として取消せる可能性があります[109]。

また、2018年の消費者法改正（Q29参照）によって、霊感など実証困難な事柄を持ち出して不安をあおられて契約してしまった場合、その契約を取消すことができるようになりました[110]。

解決のヒント

● 怪しい民間療法の見分け方

まず、客観的なデータが存在するかどうか見極める必要があります。少数の「体験談」は、客観的なデータとは言えません。医学（科学）と言うからには、たまたま良いデータが取れたのでは

---

108 民法90条
109 民法96条1項
110 消費者契約法4条3項6号

なく、同じ条件であれば同程度のデータが取れる「再現性」が必要です。

また、「〇〇大学〇〇名誉教授監修」などの権威付けがされていることがありますが、大学関係者が協力しているならば、学術論文として公刊されているはずです。学術論文が存在しないのであれば、怪しいと思ったほうが良いでしょう。

そして、西洋医学を頭ごなしに批判する場合も、怪しいと思ったほうが良いでしょう。具体的な理由を示さず頭ごなしに批判するのは、客観的データを基にした論争には勝てないことを覆い隠すためである場合がほとんどです。

● 個人 VS 巨大企業

個人や小さな団体が、画期的な新薬や治療法を開発することがあり得るのでしょうか？ 私の研究者としての経験に照らして言えば、ほとんど考え難いでしょう。

なぜなら、大手の製薬メーカーや医療機器メーカーは、何千億円も投じて、あらゆる物質や手法を試したり、世界中から情報を集めたりしながら、日夜研究しているのです。もし、「発達障害に効く水」なるものが存在するとしたら、とっくの昔に大手の製薬メーカーが発見して商品化しているでしょう。

したがって、個人や小さな団体が開発した「〇〇に効く」という商品は、多くが眉唾物です。チラシなどに、「治りました！」と体験談が寄せられていますが、関係者ではない中立の人物が寄せたものか疑問ですし、商品の効能とは別にたまたま治っただけかもしれません（いわゆる「プラセボ効果」かもしれません）。

Q 37
多動が原因で交通事故にあってしまったら?

> 事例

　　　三鷹君(小学生、ＡＤＨＤと診断)は、携帯ゲームが大好きで、ゲームに夢中になると、大声を上げたり、キャラクターの真似をして飛び跳ねたりして、騒いでしまいます。

　三鷹君は、学校からの帰り道、(学校では禁止されている)携帯ゲームをしながら、歩いていました。すると、交差点に差し掛かっても赤信号に気付かず、ゲームの中のキャラクターがダッシュしたのを真似して、赤信号の横断歩道をダッシュで渡ってしまいました。すると、青信号を直進して来た自動車と衝突して、三鷹君は、全治３カ月の重傷を負いました。

　しかし、３カ月経って外傷は治っても、三鷹君の足の痛みは治らず、医師からは神経痛の後遺症が残るかもしれないと告げられました。

法律の解説

● 保険会社との交渉

　三鷹君は、交通事故の被害者ですから、運転手に対して、損害賠償請求をすることができます。実際には、運転手が加入している損害保険会社と交渉することが多いです。

　保険会社は「当社の基準では〇円が限度です」「そちらにも過失がありますから〇割減額します」などと、一方的に提案してくることがありますが、ここで注意が必要なのは、保険会社は中立的な立場ではなく加害者（運転手）の示談を代行しているだけなので、加害者側の都合で提案しているに過ぎないということです。

　しかも、保険会社が最初に提示してくる金額は、裁判で運用される基準よりもかなり低いことが多いので注意が必要です。このようなときは、弁護士が間に入って交渉することで、提示額が上がることが多いです（数倍になることもあります）。このカラクリを知らないと、保険会社は、「これが基準（相場）です」と誘導して、示談書（免責証書）にサインをするよう促してきます。

　一度、示談書にサインをしてしまうと、後から損害額を争うことは難しくなりますので、サインをしてしまう前に、弁護士へ相談しましょう（保険会社は、いわば損害を値切ることが仕事ですので、素人では太刀打ちできません）。

● 「慰謝料」の決め方

　離婚や交通事故などで「慰謝料」と良く聞きますが、「慰謝料」とは、精神的苦痛に対する損害賠償のことです。平たく言えば、

「嫌な思いをしたことに対する迷惑料」のことです。

交通事故を例にしますと、被害者は、病院までタクシーで行って複数回治療を受けたり、破れた服を買い直したりします。この賠償金は、治療費＋交通費＋服購入費となりますが、これらは実費賠償ですので、被害者の手元にはお金は残りません。被害者は、散々嫌な思いをしたのに、手元にお金が残らないことに納得するでしょうか？

そこで、実費賠償では償えない精神的苦痛を、「慰謝料」として別途賠償することになります。精神的苦痛は、本来は個人によって差があるものですが、交通事故のような典型的なトラブルの場合は、相場のようなものがあります[111]。加害行為の悪質性、被害の重大性、被害への対応状況などの諸々の事情によって、慰謝料は増減します（たとえば飲酒運転の場合は悪質として慰謝料が増額されます）。

このように、慰謝料の金額は、ある程度の目安がありますので、双方の話し合いによって決めることも可能ですが、どうしても話し合いで決着しない場合、民事調停や民事訴訟などによって、裁判所に決めてもらうことになります。

● 「後遺障害」

交通事故で後遺症が残り、「後遺障害〇級」として認定されると、別途、等級（1～14級）に応じて、慰謝料と逸失利益（将来得られたはずの収入を失った損害）が賠償されます。

---

111 日本弁護士連合会の交通事故相談センター東京支部が編集発行している「民事交通事故訴訟・損害賠償額算定基準」という冊子が、賠償実務では広く用いられています。表紙が赤色なので業界では「赤い本」と呼称されています。

たとえば、片方の視力が矯正しても0.1以下になった場合、後遺障害第10級と認定され、労働能力は27％低下したと評価されます。そして、逸失利益は、「年収」×「27％」×「67歳までの残りの稼働期間」と算定します。未成年の場合は、「年収」が未定ですので、労働者の平均賃金で代用します。

また、後遺障害を負ったこと自体の慰謝料も請求できます（裁判例では、10級であれば550万円程度が目安とされています）。

このように、後遺障害の等級によって損害額は大きく変わるのですが、後遺障害等級の認定は、交通事故の場合は、「損害保険料率算出機構」という団体が行います。ただし、その認定は絶対的なものではないので、不服がある場合、最終的には裁判で決めることになります。

● 「過失相殺」

「過失相殺」とは、被害者側にも一定の不注意や落ち度があった場合に、損害額を割引く制度です。事例のように、赤信号にもかかわらず歩行者が交差点を渡っていた場合に、すべて運転手に損害を負担させるのは、やはり酷（不公平）でしょう。

問題は、どの程度（何割）の割引きをするか、という基準です。これについては、裁判例の集積に基づいて、様々な交通事故パターンをカバーする冊子[112]があり、賠償実務では広く用いられています。

この冊子によると、事例の場合、三鷹君の過失割合は原則70％（損害を70％割引く）となります。なぜ、100％にならないかというと、自動車は、たとえ青信号であっても歩行者に注意すべき、

---

[112] 別冊判例タイムズNo.38「民事交通訴訟における過失相殺率の認定基準【全訂5版】」

という価値判断があるからです。

　ここで「原則 70％」と説明したのは、修正要素によって変動する可能性があるからです。たとえば、事故現場が住宅街や商店街であった場合、歩行者の過失割合は、類型的に 10％減らされます。

　これは、住宅街や商店街では、歩行者が多いので、自動車はより注意すべき、という価値判断があるからです。また、歩行者が児童や高齢者であった場合、過失割合は、類型的に 10％減らされます。これは、児童や高齢者は、一般的に、危険察知能力や危険回避能力が低いので、責任を重く問うべきではない、という価値判断があるからです。

　なお、これらの％値は絶対的な基準ではなく、裁判では、様々な事情を考慮して最終的な判断がなされます。

解決のヒント

● 発達障害の特性は考慮されるのか

　それでは、歩行者が発達障害であることは、過失割合に影響するでしょうか。前記の冊子には、「幼児・身体障害者等の場合には 10％減らす」旨の修正要素はありますが、精神障害や発達障害を理由とする修正要素はあげられていません。したがって、発達障害であることは、類型的には、有利に扱ってもらえません。

　ただし、類型的ではなく、個別的な事情として、発達障害であること（多動や注意散漫という特性を示すこと）が考慮される余地はあるでしょう。

● 素因減額

 慢性的な神経痛による後遺障害の場合、加害者側から、「素因減額」が主張されることがあります。慢性的な痛みは、心理的要因（心因性）からも生じることが指摘されているため、痛みによる損害をすべて加害者側に負わせるのは不公平だ、という主張です。

 このような被害者側の個体要因による減額を、「素因減額」と言います[113]。

 発達障害との関係では、交通事故で「神経系統の機能又は精神に著しい障害を残し、終身労務に服することができないもの」として、後遺障害3級に該当する傷害を負ったケース[114]で、加害者側から、被害者の多動性障害または統合失調症が影響を与えているから素因減額すべきと主張されましたが、裁判所は認めませんでした。

 ただし、すべての事案で、「多動性障害であることは賠償額に影響しない」と判断されるわけではなく、個別的に判断されることになります。

 「素因減額」については、一義的な判断基準があるわけではなく、発達障害であることが損害発生にどの程度寄与しているのかという医学的観点と、損害をどのように分担させることが公平かという法的観点から、総合的に判断されます。

113　法律的には、民法722条を類推適用
114　名古屋地裁平成23年4月26日・自保ジャーナル1852号43頁

Q 38
学校内での事故

> **事例** 　秋葉君（小学生、ASDと診断）は、R市立小学校の特別支援学級に通学していました。
> 　秋葉君は、休み時間に体育倉庫に入っていたところ、担任から注意されましたが、出ようとしなかったため、担任は、「そんなに入っていたければ、ずっと入っていなさい！」と言って倉庫の扉を閉めてしまいました。しばらくして、担任は扉を開けましたが、倉庫内に秋葉君の姿はありませんでした。その後、秋葉君は、倉庫の窓の下で顔面から血を流して大怪我をしているのを発見され、病院で全治3カ月と診断されました。

法律の解説

● 責任を追及する相手

事例のケースで、責任を追及する（損害賠償請求する）相手として、まず、担任が考えられます。しかし、国や地方自治体に関する賠償制度を定めた「国家賠償法」は、公務員個人は、職務行為について賠償責任を負わないと定めています。なぜ、このような制度になっているかというと、もし公務員個人が賠償責任を負うとすると、職務に慎重になり過ぎてしまい、結果として国民や住民の利益にならないから、と説明されています[115]。

そのため、学校設置者（R市）に対して、安全配慮義務違反（あるいは在学関係上の信義則）を根拠に、責任を追及することになります[116]。一方、私立学校であれば、国家賠償法の適用はありませんので、教師個人も賠償責任を負いますし[117]、並行して、学校法人も、教師の使用者としての責任[118]あるいは在学契約に基づく責任[119]を負います[120]。

● 営造物責任

事例のケースでは、「指導に問題があった」という点の他に、「倉庫の窓に危険性があった（転落防止策が不十分であった）」と

---

[115] 公務に関係ない私生活上の損害賠償には、国家賠償法は適用されません。また、公務であっても、故意または重大な過失によって損害を与えた場合は、被害者に対して公務員個人としては責任を負わないものの、国や自治体が肩代わりした賠償を、追って償う義務（求償義務）を負います（国家賠償法1条2項）。
[116] 国家賠償法1条1項
[117] 民法709条
[118] 民法715条1項
[119] 民法415条
[120] 公立であっても私立であっても同じ「教育の場」のはずですが、賠償の場面で、このような違いが生じることについては、疑問が投げかけられています。

いう点も問題になりそうです。

　このように、学校施設や学校設備の不具合を原因として事故が生じた場合は、学校設置者（Ｒ市）に対して、営造物責任[121]を追及することができます。私立学校の場合も、同様の制度[122]があります。

　裁判で争点となるのは、設備が通常有すべき安全性を備えていたか否か、児童や生徒が本来予定されていた方法に従って行動していたか否か、これまで類似の事故が発生していたか否か、という点です。

　たとえば、廊下が滑りやすい状態であったのを放置していて転倒事故が発生すれば、学校側は営造物責任を負います。また、裁判例では、テニスコートの審判台に登って遊んでいるうちに審判台が転倒して怪我をした場合、本来予定された方法に従った行動ではないので、営造物責任は否定されました。[123]

解決のヒント

● 発達障害の特性を踏まえた注意義務

　事例の参考とした裁判例[124]は、学校側には「高度の注意義務」があるとした上で、注意義務違反（賠償責任）を認めました。

　「学校教育法81条が、特別支援学級を設置できる旨規定し、学校教育法施行規則140条2号が、『特別の指導を行う必要がある』ものの中に『自閉症者』を規定していることに鑑みれば、特別支

121　国家賠償法2条
122　民法717条の工作物責任
123　最高裁平成5年3月30日・民集47巻4号3226頁
124　東京地裁八王子支部平成20年5月29日・判例タイムズ1286号244頁

援学級の設置されている学校の校長及び当該地方公共団体は、自閉症児をはじめとする知的障害を有する児童の安全を確保すべき高度の注意義務を負っているものと解するのが相当である」

そして、具体的な注意義務違反として、「教師は、特別支援学級の担任として5年弱の経験があり、研修も受けていたのであるから、自閉症児の特徴である危険認知能力や判断能力が乏しい面があることを認識していたと言え、倉庫に閉じ込められた場合に、不安や混乱が生じて、倉庫から脱出するために窓から外に出ることは十分予見可能であった」と判断しました。

● 学校事故の共済給付制度

学校内で発生した事故については、「日本スポーツ振興センター」が実施する災害共済給付制度が適用されます。

なるべく学校事故の損害を救済しようという制度趣旨から、学校側の過失や損害との因果関係は緩やかに（児童生徒に有利になるように）判断されたり、授業中以外の時間（休み時間、部活動、登下校、校外活動など）で発生した事故もカバーするように運用されています。

ただし、給付金額に上限があるため、足りない分は、学校設置者などに対して損害賠償請求をすることになります。

このように、学校事故では、どんな制度が使えるのか、誰に対して請求するのか複雑ですので、弁護士に相談してください。

Q 39
いじめ被害にあった場合

> **事例**　飯田君（中学生）は、小学生のときは発達障害のため特別支援学級に通学していましたが、中学生になってから通常学級に通学しています。
> 　飯田君は、同じクラスの市谷君や他の同級生から、走り方を真似されてからかわれたり、プロレス技をかけられたり、教科書や文房具を隠されたり、LINE グループ内で「障害者！」と悪口を言われたりして、学校へ行けなくなってしまいました。
> 　なお、市谷君は、以前から同級生に対して乱暴をしたり、暴言を吐いたりするので、学年主任が本人と両親へ注意したことがありました。

> 法律の解説

● 加害者に対する請求・警察への被害届

まず、直接の加害者である市谷君や他の同級生に対して、不法行為に基づく損害賠償を請求できます[125]。民事上の責任能力（事理弁識能力）は、小学校高学年程度とされていますので、中学生である市谷君らは、賠償責任を負います。

しかし、中学生から多額の賠償金の支払いを受けることは期待できません。そこで、実際には、いじめ加害者に対する請求と並行して、加害者の保護者に対して、子の指導監督を怠ったことによる責任を問うことになります[126]。

また、警察へ被害届（プロレス技で怪我をすれば傷害罪、物を盗られたら窃盗罪、悪口を公然と言われれば名誉毀損罪）を出すことも考えられます。この場合、市谷君らが14歳以上であれば、少年法が適用されて、捜査機関による犯罪捜査の対象となります（14歳未満であれば、刑事責任は問われませんが、児童福祉法により児童自立支援施設に入所させる等の措置がなされます）。

● 学校に対する請求

Q38と同じく、公立学校であれば教師個人ではなく学校設置者、私立学校であれば教師個人と学校法人に対して損害賠償請求ができます。ここで「できます」と表現したのは、いじめ当事者（およびその保護者）に加えて、学校側を訴えるのは、被害者の自由だということです。学校側の対応に納得ができなければ、併せて

125　民法709条
126　民法709条

学校側も訴えようと思うのは、もっともな感情です。

なお、事例の参考とした裁判例[127]では、いじめ加害者のみならず、保護者と学校設置者にも、損害賠償が命じられました。

裁判所は、保護者について、従前から問題行動があることを教師から指摘されていたにもかかわらず、「教育・監督の措置を講じることなく漫然と過ごしていた」と断じました。

また、学校側についても、いじめ行為を認識していたか、少なくともこれを認識することが可能であったにもかかわらず、「（教師は）じゃれ合い程度のものと捉え、そこに暴力行為や嫌がらせ行為などのいじめが存在しないかを注意深く観察することなく、漫然と事態を傍観していた」「教師の姿勢について何ら疑問を抱かない市や県にも大きな問題があり」と断じました。

また、裁判所は、いじめが引き起こす危険性について、「（いじめが）長期間にわたり執拗にほぼ毎日何回も行われたものであり、その内容も被害生徒の自尊心を大きく傷つけ、あるいは、不安感を煽り、多大な精神的打撃を与えるものであったこと、このようないじめ行為による精神的打撃に基づくストレスは精神疾患発症の誘因となり、時には自殺という結果を招来するものである」と指摘しました。

結論として、裁判所は、600万円を超える損害賠償（慰謝料）を命じました。金額が高額になった理由は、いじめ行為が執拗で悪質であったことに加え、被害生徒が統合失調症になってしまったこと（ただし素因減額として7割減額）が考慮されたためです。

---

[127] 広島地裁平成19年5月24日・判例タイムズ1248号271頁

解決のヒント

● 「いじめ防止法」の成立

　平成25年に成立した「いじめ防止法」は、学校設置者に対していじめ防止のために必要な措置を講ずる責務を課し[128]、教職員に対していじめ防止、早期発見、適切かつ迅速な対処の責務を課しています[129]。また、保護者に対しても、自分の子どもが他人をいじめないように指導する努力義務を課しています[130]。

　これまでのいじめに関する裁判では、学校設置者や加害者の保護者に対しては、抽象的な「安全配慮義務」や「監督義務」を根拠に責任が追及されていましたが、今後は、上記のいじめ防止法も責任追及の根拠となります。

　なお、平成29年に、文部科学省の「いじめ防止法ガイドライン」が改定され、いじめの解釈について「けんかやふざけ合いであっても背景にある事情の調査を行い、児童生徒の感じる被害性に着目し、いじめに該当するか否かを判断すること」とされました。

　前記の裁判例において、学校側は、「生徒同士がじゃれ合っていただけと思っていた（いじめとは思わなかった）」と反論していましたが、今後は、このような反論はより一層通用しなくなります。

128　いじめ防止法7条
129　いじめ防止法8条
130　いじめ防止法9条1項

Q 40
同級生に怪我をさせてしまった場合

事例

　四谷君（小学2年生）は、忘れ物が多かったり、落ち着きがなかったりして、同級生からいつもからかわれていました。

　ある日の掃除の時間に、同級生の信濃君が、四谷君のモノマネ（忘れ物をして教師に注意されている様子）をしてからかいました。四谷君は「やめろよ！」と何度も言いましたが、信濃君は、その姿を面白がって、更にモノマネをしました。すると、四谷君は、怒りを抑えることができなくなり、衝動的に、持っていたホウキを信濃君めがけて投げ付けたところ、信濃君の右目付近に強く当たりました。

　信濃君は、救急車で病院に運ばれ、手術を受けましたが、1.0だった視力が矯正しても0.1になり、また、右目の周囲に大きな傷が残ってしまいました。

法律の解説

● 責任を追及する相手

　小学生低学年の四谷君には、責任能力がないため、保護者が賠償責任を負います[131]。保護者は、子の指導・監督を尽くしていた場合には、免責されますが、この免責が裁判で認められるケースは[132]、ほとんどありません。

　また、学校設置者に対しても、責任を追及することができます。中学1年生の生徒が、始業前教室で、他の生徒に対しホウキを投げ付け、右目を損傷させた事故について、裁判例は、加害生徒とその両親に対してだけでなく、学校設置者の責任も認め、約3300万円の賠償を命じました[133]。

　裁判所は、加害生徒には精神的に幼い部分が残っており、意志が弱くその場の雰囲気に流されやすい性格であったのであり、悪ふざけをする際には度を越しやすく抑制がきかなくなるといったことを、学校側も保護者側も認識していたので、指導・監督義務に違反していると判断したのです。

● 「後遺障害」

　Q38での解説と同様の考え方に基づいて、損害額を決めます。たとえば、片方の視力が矯正しても0.1になってしまった場合、第10級と評価され、慰謝料と逸失利益が賠償されます。

　また、顔など外見の目立つ場所に傷痕が残った（「外貌醜状」と言います）場合も、慰謝料と逸失利益が賠償されます。

131　民法714条1項
132　民法714条1項但書
133　仙台地裁平成20年7月31日・判例タイムズ1302号253頁

外貌醜状では、顔面に10円玉の大きさ以上の瘢痕または3cm以上の線状痕が残った場合は第12級が目安とされ、顔面に鶏卵の大きさ以上の瘢痕または5cm以上の線状痕が残った場合は第7級が目安とされます（ただし、髪の毛で隠れる場合は、原則として「外貌醜状」と認定されません）。

> 解決のヒント

● 挑発した場合の責任

　事例では、被害者である信濃君は、四谷君を挑発していますので、「信濃君が被害を誘発した（信濃君側にも落ち度がある）」として、一定程度の過失相殺（Q37参照）がされることになります。

　ちなみに、学校内事故において、被害者側の落ち度（過失相殺）が認められた裁判例として、①高校内で、飛び込みが禁止されているプールに飛び込んで生徒が怪我をした場合に、生徒側の落ち度（過失相殺）として7割を認めたもの、②中学校内で、生徒が集塵機を稼働させたまま吸入口に手を接近させ、手を巻き込まれ負傷した事故について、生徒側の落ち度（過失相殺）として5割を認めたもの、③小学校の林間学校中に、児童が鬼ごっこをして遊んでいる最中に出窓から転落した事故について、児童側の落ち度（過失相殺）として5割を認めたもの、などがあります。

　なお、四谷君が発達障害であり、そのことを信濃君も知っていた場合、信濃君側の落ち度が重く評価される可能性があります。

134　大分地裁平成23年3月30日・判例秘書L06650210
135　東京地裁平成27年3月25日・判例秘書L07030223
136　大阪地裁平成24年11月7日・判例タイムズ1388号130頁

Q 41
合理的配慮を学校に求める

> 事例
>
> うちの息子（5歳）は、発達障害と診断されました。駆けっこでは真っすぐ走れませんし、ボール遊びも苦手ですし、リズム感もないので踊りも苦手ですし、水も怖がるので泳げません。
>
> 来春、公立小学校に入学するのですが、このように運動がとても苦手なので、体育の授業をみんなと一緒に受けさせると、同級生からからかわれたり、成績が最低評価になったりして、自尊心や自己肯定感を損なわないか、とても心配です。
>
> 学校に対して、体育の授業を受けなくても良いように申し入れることは可能でしょうか？

法律の解説・解決のヒント

● 体育が苦手

ASDの人は、体を動かすことや細かい手作業が苦手で、特に、他のメンバーと連携することが求められる集団スポーツや、ルールと体の動きが複雑なスポーツでは混乱してしまう、と指摘されています。そうすると、事例のように、体育の授業（実技）を受けさせることについて、保護者が不安を抱き、「合理的配慮」を求めたくなる気持ちも理解できます。

● 文科省ガイドライン

学校内の「合理的配慮」に関して、文部科学省は、障害者差別解消法のガイドライン（文部科学省所管事業分野における障害を理由とする差別の解消の推進に関する対応指針）を定め、様々な具体例をあげています。

ここであげられている例は、障害者全般に関するものですが、発達障害に関係する例として、次のような記載があります。

① 比喩表現等の理解が困難な障害者に対し、比喩や暗喩、二重否定表現などを用いずに説明すること。

② 子どもである障害者又は知的障害、発達障害、言語障害等により言葉だけを聞いて理解することや意思疎通が困難な障害者に対し、絵や写真カード、コミュニケーションボード、タブレット端末等のICT機器の活用、視覚的に伝えるための情報の文字化、質問内容を「はい」又は「いいえ」で端的に答えられるようにす

ることなどにより意思を確認したり、本人の自己選択・自己決定を支援したりすること。

③ 発達障害等のため、人前での発表が困難な児童生徒等に対し、代替措置としてレポートを課したり、発表を録画したもので学習評価を行ったりすること。

④ 読み・書き等に困難のある児童生徒等のために、授業や試験でのタブレット端末等のICT機器使用を許可したり、筆記に代えて口頭試問による学習評価を行ったりすること。

⑤ 学校生活全般において、適切な対人関係の形成に困難がある児童生徒等のために、能動的な学習活動などにおいてグループを編成する時には、事前に伝えたり、場合によっては本人の意向を確認したりすること。また、こだわりのある児童生徒等のために、話し合いや発表などの場面において、意思を伝えることに時間を要する場合があることを考慮して、時間を十分に確保したり個別に対応したりすること。

⑥ 理工系の実験、地質調査のフィールドワークなどでグループワークができない学生等や、実験の手順や試薬を混同するなど、作業が危険な学生等に対し、個別の実験時間や実習課題を設定したり、個別のティーチング・アシスタント等を付けたりすること。

　これらのうち、②③は「発達障害」と明記されていますが、①はＡＳＤ、④はＳＬＤ、⑤⑥はＡＤＨＤとＡＳＤを想定していると思われます。代替措置について、③は人前での発表に代えてレポート提出を認めていますが、体育実技に代えてレポート提出は明記されていません。

ただし、この文科省のガイドラインの具体例は、あくまで「例示」ですので、これ以外の合理的配慮が認められないわけではありません。たとえば、体育に関して、次のような具体例があげられています。

　⑦　慢性的な病気等のために他の児童生徒等と同じように運動ができない児童生徒等に対し、運動量を軽減したり、代替できる運動を用意したりするなど、病気等の特性を理解し、過度に予防又は排除をすることなく、参加するための工夫をすること。

　これは、身体障害を想定したものと思われますが、③と⑦の趣旨を組み合わせることで、発達障害の場合であっても体育実技に代えてレポート提出も認められると解釈することも可能でしょう。

● **公平性の観点**

　一方、体育実技の代わりにレポートを課すことについては、公平性の観点から慎重に検討すべきとの意見があります。つまり、発達障害ではなくても体育実技が苦手な子はいるわけですから、発達障害であれば自動的にレポート代替措置を認めると、成績評価の公平性の観点から問題が生じるかもしれません。そこで、自動的にレポート代替措置を認めるのではなく、医師の意見書の提出を求めた上で、公平性を確保するよう教育的見地から検討すべき、と言うのです。[*3]

　発達障害に関する教育現場での合理的配慮は、比較的新しい問題ですので、今後、議論が深まることが期待されます。

コラム8
弁護士の探し方

　現在、弁護士は約4万人いますが、その中から「良い弁護士」を見つけるにはどうしたら良いでしょうか？

　まず、インターネットで検索することが考えられますが、インターネット上の情報だけでは、人物像はなかなか分かりません。立派なホームページであっても、実際に会ってみると期待外れであったというのは、弁護士業界に限らず、よくある話です。

　特に知り合いの弁護士がいない場合、自治体や弁護士会などが主催している法律相談に申し込むことが考えられます。この場合、どの弁護士に当たるか分からないので、人柄が合わなかったり、自分が依頼したい分野に詳しくなかったりするかもしれません。

　個人的な意見としては、やはり、「口コミ」が一番信頼できると思います（自分の信頼している人から、弁護士を紹介してもらうと良いでしょう）。

　そして、「良い弁護士」の基準は、相談者の話を良く聞いてくれること、事件の見通し（証拠に基づくと裁判でどんな結果になりそうかなど）を的確に示してくれることでしょう。

　この「事件の見通し」は、弁護士としての経験だけでなく、センスも問われます。同じ相談内容であっても、弁護士によって、結果の見通しが異なることはよくあります（テレビ番組でもそういう場面を見かけます）。

終章

犯罪と発達障害

　発達障害の人は犯罪を犯しやすいというのは本当でしょうか？発達障害であれば無罪になるのでしょうか？
　様々な言説が飛び交う犯罪と発達障害の関係について、4つの切り口から見ていきましょう。

Q 42

発達障害の人は
犯罪を犯しやすいと
聞いたのですが
本当でしょうか？

・「刑事手続きの構造」と「社会心理学」から来たイメージ

　殺人などの重大事件が発生すると、「被告人は発達障害（アスペルガー症候群）でした」と強調して報道されることがあります。

　このような報道が繰り返されると、世間では、「発達障害＝犯罪予備軍」というレッテルが貼られてしまうおそれがあり、実際に、そのようなイメージを抱いている人もいるかもしれません。

　しかし、発達障害の人の犯罪率が高いという事実（統計）はありません。むしろ、ＡＳＤの人は厳格にルールを守ろうとするため、刑法というルールを破る（犯罪を犯す）可能性は低いとも言えます。

　なお、子どもが発達障害であったことから、どう扱って良いか分からず親が育児困難に陥り、子どもが非行に走ってしまった結果、少年犯罪を起こすというケースはありますが、これは本人や親が原因ではなく、支援環境の不備が原因と言えるでしょう。

　それでは、なぜ、「発達障害＝犯罪予備軍」というイメージが発生するのでしょうか。理由はふたつ考えられます。ひとつ目は、刑事手続きの構造による理由です。刑事手続きの中で、弁護人[137]は、

---

[137] 刑事手続きの場面では、弁護士のことを「弁護人」と呼びます。

被疑者・被告人を全力で弁護する義務を負っています。[138] 被疑者・被告人が発達障害であることは、量刑上、有利に斟酌されることがあります。そのため、弁護人としては、被疑者・被告人が既に発達障害と診断されている、あるいは刑事手続きの中でそのように診断される可能性がある場合は、発達障害であることを積極的に主張することがあります。そうすると、マスコミ報道において「被告人は発達障害でした」と強調されるようになるのです。

ふたつ目は、社会心理学的な理由です。リスク認知の研究から、人々は、身の回りの危険事象に対して、客観的な発生頻度にあまり依拠せず、主観的・直感的に恐怖や不安を感じることが分かっています。

そして、人々は、制御が困難なものや、未知なものに対して、より恐怖や不安を感じる、とされています。殺人などの重大犯罪は、実際には発生頻度は高くありませんが、ひとたび発生すると、人々は、恐怖や不安をより強く感じるようになります。

その結果、自分の身近で重大事件が起きることに対する恐怖を和らげるため、「こんな重大犯罪を起こすのは特殊な人たちであって、自分とは関係ない！」と信じたくなります。

このような心理過程から、「被告人は発達障害でした」との報道に触れると、「やっぱりそうか！自分とは関係ない特殊な人たちが犯罪を起こすのだ！」と認知を強化するようになるのです。

---

138 弁護士職務基本規定46条では、弁護士は、被疑者及び被告人の防御権が保障されていることに鑑み、その権利及び利益を擁護するため、最善の弁護活動に努める、とされています。

Q 43

発達障害の特性が
犯罪へ結び付くことは
あるのでしょうか？

・特性から考える犯罪

　発達障害（特にＡＳＤ）の人は、音に敏感であったり、事態の展開を予想する想像力が乏しい、という特性があります。そのため、高速道路の近くに住んでいた発達障害の人が、インターネットの掲示板に「高速道路を爆破する」という書き込みをして威力業務妨害罪[139]で逮捕されるという事件がありました。

　また、衝動性を抑えられず、相手に暴力を振るって怪我をさせてしまうと、傷害罪[140]に問われますし、ＳＮＳで「殺す」などと書き込んでしまうと脅迫罪[141]に問われます。さらに、思ったことをそのまま言葉にしてしまう特性から、名誉毀損罪[142]や侮辱罪[143]に問われる可能性もあります。最近の例では、相手の言葉を信じやすいという特性から、いわゆる振り込め詐欺などの組織犯罪の共犯者（「受け子」や「出し子」）になってしまう可能性も指摘されています。

　以上は、あくまで「可能性」ですので、発達障害の人が全員このような罪を犯すわけではありません。

139　刑法 234 条
140　刑法 204 条
141　刑法 222 条 1 項
142　刑法 230 条 1 項
143　刑法 231 条

Q 44

もし発達障害の人が
逮捕されてしまったら
どんなことに
気を付けるべきでしょうか？

・手続きの流れ

　警察に逮捕されると、48時間以内に検察官へ事件が送られ（「送検」と言います）、検察官が更に身柄の拘束（「勾留」と言います）が必要と判断した場合、裁判官に対して勾留請求を行います。ほとんどの場合、勾留請求は認められるので、更に10日間、留置場に身柄を拘束されることになります。この勾留は、更に10日間延長されることもあります。

　この身柄拘束の間、逮捕された人（「被疑者」と言います）は、自由に電話をかけたり、メールをしたり、スマートフォンをいじったりすることはできません。弁護人とは面会（「接見」と言います）できますが、家族や知人との面会が禁止されることもあります。

　知っている弁護士がいれば、警察官を通じて、接見に来てくれるように連絡してもらうことができますが、知っている弁護士がいなければ、「当番弁護士」や「国選弁護人」といった制度を使いたいと申し出れば、弁護士会から派遣された弁護士が接見に来てくれます。

・発達障害の人が身柄拘束された場合の注意点

　まず、環境が一変するため、情緒不安定になることが懸念されます。狭い留置場の中で、他の被疑者と一緒に寝食しなければならず、そのストレスは想像を絶します。お風呂も毎日入ることはできません（数日に１度だけです）。

　また、取調べでも注意が必要です。発達障害（特にＡＳＤ）の人は、言葉をそのまま受け止める傾向があるため、本当はやっていないのに、取調べをしている警察官から「やったと認めたら、すぐに釈放になるよ」とか「認めないと刑務所へ行くことになるけど、認めたら執行猶予になって刑務所に行かなくて済むよ」と言われた場合、その言葉を疑いなく信じてしまうかもしれません。

　ところが、釈放するかどうか決めるのは検察官で、刑務所へ行くかどうか決めるのは裁判官ですので、警察官の言葉通りになる保障は全くありません。

　そして、犯行を認めた場合、自白調書というものが作られます。警察官や検察官が被疑者から聞き出した内容を文章にまとめて、被疑者に署名するよう求めてくるのです。

　この自白調書が一度作られてしまうと、裁判になってから「実はやっていません」という弁明が通用しない場合が多々あるため、注意が必要です。

・反省や再犯防止の注意点

　犯行を真に認めているのであれば、被害者に謝罪し、損害を賠償し、反省を述べ、再犯防止策を提示することで、早期に釈放されたり、裁判にかけられても罪が軽くなったりします。

ところが、発達障害の人の場合、謝罪をしたり、反省をしたり、再発防止に取り組むことが困難なことがあります。たとえば、音がうるさいと脅迫文を出してしまったため脅迫罪で起訴され、裁判官から「また音がうるさかったら、同じことをしてしまいますか？」と質問された場合、悪気なく「はい」と答えてしまうかもしれません。これでは、裁判官に、「反省していないし、再発防止も難しい」と思われてしまうでしょう。

　また、痴漢などの性犯罪では、どうしてその行為が悪いことなのか、理解できないことがあります。保育園の男児が大人の女性の身体に触っても、怒られたり捕まったりすることはありませんが、なぜ大人になって同じことをすると捕まるのか、理解できないことがあるのです。

　さらに、「被害者の気持ちになって考えてみなさい」という一般的な説教も、通用しないことがあります。「被害者は他人だから、同じ気持ちになって考えることなどできない」と考えてしまうことがあるのです。

　このように、本人には、謝罪や反省の気持ちがあったとしても、それを上手く表現できないばかりか、かえって、悪い印象を与えてしまうのです。ところが、刑事手続きの中では、「合理的配慮」は存在しないのです。

　・弁護人の役目

　弁護人は、逮捕勾留されている身柄をなるべく早く解放すること、起訴されて裁判にかけられても執行猶予が付くように努力します。

ところが、発達障害の人の弁護の場合は、ただ単に身柄を解放したり執行猶予を付けたりするのではなく、その後の福祉や医療による支援体制も考えなければなりません。特性に合った支援をしないと、再び同じ犯罪をしてしまうおそれがあるからです。発達障害支援法の制定の際に「家庭内での不安定な状態が助長され、人間関係の持ちにくい、非社会的な状況のまま、本人たちは社会に放り出され、行き場もなくあげくの果て、犯罪を引き起こす例までも生じている」と危惧されていたそうですが[*4]、社会の側の支援体制がとても重要なのです。

　また、反省や再発防止の意味を理解してもらうことが難しい場合があるため、弁護人は、「どんなことをすると相手は不快に思ったり、傷ついたりするのか？」「どうして被害者へ謝罪する必要があるのか？」という当たり前と思われることも、上手く伝えて理解させなければなりません。

　安易に「謝罪して反省文を書けば罪が軽くなる」と教えると、「決められた謝罪の言葉、反省の言葉を述べれば許される」と誤った思考回路を身に着けてしまうかもしれないのです。

　司法（裁判官、検察官、弁護士）の側も、これまで以上に発達障害の特性について学び、適切な対処や判断をする必要があります。

Q 45

発達障害であることは
罪の重さに
影響するのでしょうか？

・刑事裁判の量刑の決め方

　刑事裁判では、犯罪行為が証明された場合、罪の重さ（「量刑」と言います）を決めて、「懲役〇年」などの言い渡しがされます。

　また、たとえ犯罪行為が証明されたとしても、責任能力がないため無罪が言い渡されることがあります。

　それでは、この責任能力と量刑の場面で、発達障害であることは何か影響するのでしょうか？

・責任能力の場面

　刑法 39 条 1 項は「心神喪失者の行為は、罰しない」と定め、刑法 39 条 2 項は「心神耗弱者の行為は、その刑を減軽する」と定めています。これは、罪を問うためには、本人が自分の行為が違法であることを認識して、そのような行為に出ないよう自らコントロールする能力が備わっていること（＝責任能力が備わっていること）が前提だからです。

　言い換えれば、違法な行為だと認識して、それを止めることができたにもかかわらず、その違法な行為をしてしまったからこそ、罪に問えるのです。

責任能力は、精神科医による鑑定を実施した上で、犯行当時の病状、犯行前の生活状況、犯行の動機や態様などを総合考慮して、裁判官が判断します。

　発達障害であることから責任能力が争点となった刑事裁判例を調査した報告によると、平成13年から平成26年までの19例の※5うち、完全に責任能力を認めたものが12例、心神耗弱と認めたものが5例、心神喪失と認めたものが1例（ただし控訴審では心神喪失とは認められず）、訴訟能力がないと判断したものが1例と報告されています。

　つまり、多くのケースでは、責任能力に問題なし（有罪）となっています。

・量刑判断の場面

　量刑は、犯行の悪質性（動機、計画性、方法、結果）、被害弁済、被告人の成育環境、反省度合い、再犯防止に向けた取り組みなど、様々な事情を総合考慮して決められます。

　発達障害であることが量刑判断の場面で考慮された例として、広汎性発達障害であることが人格形成に与えた影響を考慮して、量刑上、有利な事情として認定した裁判例があります。[144]

　一方、発達障害に特有の行動（常同行動への固執や、いわゆる理科実験型行動など）が犯行に表れた場合、それが発達障害の影響であることを見逃すと、量刑が重く判断されるおそれがある、との指摘もあります。[※6]

　また、支援体制の点から、ＡＳＤであることを量刑上重く判断

---

[144] 神戸地裁平成24年5月25日（傷害致死罪被告事件）

した裁判例[145]があります。市民が参加する裁判員裁判でしたが、検察官の求刑（16年）よりも重い量刑（20年）が言い渡されたことから話題となりました。

　この判決では、量刑を重くした理由について、「被告人の母や次姉が被告人との同居を明確に断り、社会内で被告人のアスペルガー症候群という精神障害に対応できる受け皿が何ら用意されていないし、その見込みもないという現状の下では、再犯のおそれが更に強く心配されるといわざるを得ず、この点も量刑上重視せざるを得ない。被告人に対しては、許される限り長期間刑務所に収容することで内省を深めさせる必要があり、そうすることが、社会秩序の維持にも資する」と判断しました。これに対しては、学者やマスコミなどから批判が相次ぎました。

　その後の控訴審[146]では、量刑判断に誤りがあるとして、次のように述べて、懲役14年に改められました。「地域生活定着支援センターが保護観察所と協働して、受刑者の出所後の帰住先の調整等を行っている他……精神科医や各種任意団体とも連携しており、支援のネットワークが形成されている。このように親族らが受入れを拒否している場合であっても、公的機関等による一定の対応がなされており、およそ社会内でアスペルガー障害に対応できる受皿がないなどということはできない」。

　この控訴審の判決のように、刑事司法の分野においても、発達障害の特性や支援体制について理解を深めるべきでしょう（まして、量刑上不利に扱うべきではないでしょう）。

145　大阪地裁平成24年7月30日・判例秘書L06750413、殺人罪被告事件
146　大阪高裁平成25年2月26日・判例タイムズ1390号375頁

コラム 9
どうして悪い人の弁護をするの？

　弁護士をしていると、「どうして悪い人の弁護をするのですか？」と聞かれることがあります。これに対して、私は、まず、「日本国憲法に、どんなに悪いことをした人でも弁護人を頼む権利があると書いてあるから、その役目を引き受けているのです」と答えます。そして、次のように説明を続けます。

　被告人を責める人はたくさんいます。被害者やその家族はもちろん、警察官、検察官、裁判官、マスコミ、世間の人々。そのような状況の中で、弁護人は、「世界中が敵に回っても、私はあなた（被告人）の味方です」という役目なのです。もし弁護人まで責める側に回ったら、被告人はどう思うでしょうか。「どうせ私の言い分なんて誰も聞いてくれない……」と殻に閉じこもって、表面上、反省したフリをするしかなくなるでしょう。

　私の場合、被告人が罪を認めている場合でも、被告人を責めるのではなく、言い分を吐き出させてあげる役目に回ります。真に反省し、真に更生するには、頭ごなしに責めることはむしろ逆効果と考えるからです。

　ちなみに、「反省」の意味について興味深い考察をしている書籍（「反省させると犯罪者になります」岡本茂樹著、2013年、新潮新書）がありますので、ぜひ、ご一読ください。

あとがき

　私の子どものころを回想してみると、算数がすごく得意、記憶力が良い、こだわりが強い（なぜか「働く車」が好き）、水が嫌い、大きな音が嫌い、他人と関わるのが億劫、変化が嫌い……そうです、ばっちりＡＳＤの特性を持っていたのです。そのため、私は、発達障害の仲間が感じる「生きづらさ」について、理解できる部分が多々あります。

　大人になるにつれて、特性は気にならなくなってきましたが、今でも大きな音は苦手だったり、どうでも良い細かいことをずっと覚えていたり、強迫症的に施錠確認をしたりします（コミュニケーションについては、産業カウンセラーの資格を取得できたのですから、何とか出来ていると信じたいところです）。

　そんな中で、私は、典型的な理系少年として成長し、大学院卒業後は研究職として民間会社で勤務していましたが、紆余曲折あって、現在は弁護士となり、心理職（産業カウンセラー）としても活動するようになりました。

　そこで、弁護士・産業カウンセラーとして活動できていることに感謝し、与えられた才能と立場を「仲間」のために活かしたいと考え、この本を執筆しました。本書が「仲間」のために少しでも役に立つことを祈っています。

　本書執筆に当たり、的確なアドバイスをいただきましたぶどう社編集者の市毛さやかさん、すてきなイラストを提供していただきました友久美奈子さんに感謝申し上げます。

2019 年 10 月　鳥飼 康二

【後釈】

＊1　長谷川珠子「発達障害者に対する合理的配慮と退職扱いの有効性 - 日本電気事件」『ジュリスト』1503 号、2017 年
＊2　常岡俊昭「ギャンブル障害とＡＤＨＤとの関係」『こころの科学』205 号、2019 年
＊3　神内聡「スクールロイヤー学校現場の事例で学ぶ教育紛争実務Ｑ＆Ａ170」日本加除出版、2018 年
＊4　発達障害者支援法ガイドブック、河出書房新社、2005 年
＊5　宍倉悠太「罪を犯した発達障害者に対する法的対応策の考察：刑事司法システムにおける対応を中心に」早稲田大学社会安全政策研究所紀要(7)、141-201 頁、2014 年
＊6　神田宏「発達障害と刑法をめぐる諸問題小考」近畿大学法学 62(3・4)、113-155 頁、2015 年

【参考文献】順不同

梅永雄二監修「よくわかる大人のアスペルガー」主婦の友社、2017 年
梅永雄二「大人のアスペルガーがわかる」朝日新書、2015 年
中山和彦＝小野和哉「図解よくわかる大人の発達障害」ナツメ社、2010 年
谷原弘之「事例でわかる発達障害と職場のトラブルへの対応」法研、2018 年
姫野桂「私たちは生きづらさを抱えている」イースト・プレス、2018 年
九州弁護士会連合会＝大分県弁護士会編著「合理的配慮義務の横断的検討」現代人文社、2017 年
日本弁護士連合会編「消費者法講義第 5 版」日本評論社、2018
大石剛一郎＝谷村慎介＝西村武彦＝内田扶喜子「障害者弁護ガイドブック」現代人文社、2012 年
中谷内一也編「リスクの社会心理学」有斐閣、2012 年

著 者

鳥飼 康二（トリカイ　コウジ）

弁護士、産業カウンセラー。

京都大学農学部卒業、京都大学大学院農学研究科修了（応用生命科学専攻）。
日本たばこ産業（株）中央研究所勤務を経て、一橋大学法科大学院修了後、2011年弁護士登録（東京弁護士会、中野すずらん法律事務所）。
日本薬学会、日本癌学会、日本労働弁護団、日本産業カウンセラー協会などに所属。

現在、労働事件（精神疾患の労災など）、家事事件（家庭内の問題、成年後見人など）、医療事件、福島原発事故被害訴訟を中心に活動中。

著書に「Q&Aで学ぶカウンセラー・研修講師のための法律：著作権、契約トラブル、クレームへの対処法」誠信書房、2021年、「放射線被ばくに対する不安の心理学」環境と公害44巻4号31-38頁などがある。

イラスト　友久 美奈子

事例で学ぶ発達障害の法律トラブルＱ＆Ａ

著　者　　鳥飼　康二

初版印刷　2019年11月 1 日
２刷印刷　2022年 9 月 30 日

発行所　　ぶどう社
　　　　　編集／市毛さやか
　　　　　〒154-0011　東京都世田谷区上馬 2-26-6-203
　　　　　TEL 03（5779）3844　FAX 03（3414）3911
　　　　　ホームページ　http://www.budousha.co.jp

　　　　　印刷・製本／モリモト印刷　用紙／中庄

ぶどう社の関連書

障害者のリアル×東大生のリアル
● 野澤 和弘編著　本体1500円＋税
●「障害者のリアルに迫る」東大ゼミ著
障害とは生きるとは自分とは、東大生が答え無き問いに挑む。

ディスレクシアでも活躍できる
［読み書きが困難な人の働き方ガイド］
● 藤堂 栄子編著　本体1600円＋税
自分らしく働き、自分らしく幸せに生きるを目指して！

ADHDと自閉症スペクトラムの自分がみつけた未来
［親子でふり返った誕生から就職まで］
● 堀内拓人＋堀内祐子著　本体1500円＋税
成長する過程で思い、考え、工夫し、みつけだした未来。

庭に小さなカフェをつくったら、みんなの居場所になった。
［つなげる×つながる　ごちゃまぜカフェ］
● 南雲明彦編著 みやの森カフェ著　本体1600円＋税
福祉でもない、支援でもない新しい形の居場所。

不登校に、なりたくてなる子はいない。
［子どもといっしょに考える登校支援］
● 上野良樹著　本体1700円＋税
小児科のお医者さんが実践する、未来へ繋がる再登校支援。

お求めは、全国書店、ネット書店で